Poems of Madness from Myanmar
A mirror of vedanā

မြန်မာပြည်မှ သူရူးကဗျာများ
ဝေဒနာ့ကြေးမုံပြင်

A trilingual publication
English, Bama, and Rakhine
သာဘာစကား သုံးမျိုးဖြင့် ထုတ်ဝေခြင်း
အင်္ဂလိပ် ဗမာ နှင့် ရခိုင်

<table>
<tr><td>

Shwe Lu Maung
Author

</td><td>

ရွှေလူမောင်
စပ်ဆိုသူ

</td></tr>
<tr><td>

Sabah Sen and Ye' Kyaw
Editors

</td><td>

စာပေစန် နှင့် ရဲကျော်
တည်းဖြတ်သူများ

</td></tr>
</table>

A publication of

Shahnawaz Khan, USA

Paperback
ISBN 10: 1-928840-01-9
ISBN 13: 978-1-928840-01-5

Library of Congress Control Number: 2024942327

Cover designs: Shahnawaz Khan Publications team

Printed and published in the United States of America by Shahnawaz Khan

MADE IN USA

To a beautiful and pleasant future

လှပသာယာသော အနာဂတ်သို့

The Poems of Madness

Contents

A note from the publisher

The objective of this publication, *Poems of Madness from Myanmar,* is to create a stronger awareness of Myanmar's struggle for peace and liberty. This is the first to be produced in English, Burmese (Bama), and Rakhine languages, and it is trilingual. It is a virtual mirror of *vedanā,* or the feelings of struggling Myanmar people through the ages since the onset of military rule in 1962. Earlier, some poems in Bama and Rakhine had been published in underground revolutionary pamphlets, journals, and magazines.

Shwe Lu Maung, Ph.D., is well known for his first book, *Burma Nationalism and Ideology,* University Press Ltd., Dhaka, 1989, as well as for his later writings on the Buddhist-Muslim conflict and the Rakhine State Violence, highlighting the collision of cultures. He is a former guerrilla (1966–67) who later earned a doctoral degree (1976) from Bangor University, U.K., to become a biological scientist, active until 2010. He has authored or co-authored more than 60 scientific research papers. To his credit, he has six books published on Myanmar culture, society, and politics.

I would like to express my sincere thanks to the editors of this publication. Sabah Sen teaches special writing at a degree college, and Ye' Kyaw is a business executive and a volunteer helping the authorities deal with the Burmese refugees. While Sabah Sen contributes critical thoughts to the poems, Ye' Kyaw highlights the feelings of the author, whom he has known throughout his life. Their reviews and comments added value to this unique piece of literature in the cosmos of activism. My thanks are also due to my publication team for their tireless input to make this lovely publication possible.

Shahnawaz Khan
Publisher
June 16, 2024

ထုတ်ဝေသူထံမှ မှတ်စုတစ်ခု (အင်္ဂလိပ်ဘာသာသည်မူရင်း)

မြန်မာပြည်မှသူရဲ့ကဗျာများ ဟူသောစာအုပ်ကို၊ မြန်မာပြည်သူများ၏ ငြိမ်းအေးရေး နှင့် လွတ်မြောက်ရေး ကြိုးပမ်းမှုတို့အား ကမ္ဘာအဝှမ်းမှသတိပြုမိစေလိုသော စိတ်ဆန္ဒဖြင့်ထုတ်ဝေပါသည်။ ဤသည်ကား အင်္ဂလိပ် မြန်မာ(ဗမာ) ရခိုင် ဘာသာစာပေ သုံးရပ်ဖြင့် ပထမဆုံးသောထုတ်ဝေမှုဖြစ်ပါသည်။ ဤကဗျာစာစုများသည် ကား ၁၉၆၂ မှသည်ခေတ်အဆက်ဆက် မြန်မာပြည်သူများရုန်းကန်ကြိုးပမ်းမှု၏ဝေဒနာတို့ကို ထင်ဟပ်စေသော ကြေးမုံပြင်ဖြစ်ပါသည်။ တချို့သော ဗမာရခိုင်ကဗျာများကို ယခင်ယခင်ကလျှို့ဝှက်ထုတ်ဝေသော တော်လှန်ရေး စာစောင်များ ဂျာနယ်များ မဂ္ဂဇင်းများတွင် ထုတ်ဝေခဲ့ပြီးဖြစ်ပါသည်။

ရွှေလူမောင်, Ph.D., သည်ကား သူ၏ပထမဆုံးစာအုပ် *Burma Nationalism and Ideology,* *University Press Ltd., Dhaka, 1989,* နှင့်တကွ နောက်ဆက်တွဲထုတ်ဝေသော ဗုဒ္ဓ-မူဆလင် ပဋိပက္ခ၊ ရခိုင်ပြည်နယ်သွေးချောင်းစီးခြင်း စသော ယဉ်ကျေးမှုများထိပ်တိုက်အက်ကွဲမှုများကို မီးမောင်းထိုးသည့် စာအုပ်များကြောင့် လူသိများထင်ရှားပါသည်။ ရွှေလူမောင် သည် တခါနိက ပြောက်ကျားတစ်ဦး (၁၉၆၆-၆၇) ဖြစ်ခဲ့ပြီး၊ နောင်တွင် ဘန်ဂါတက္ကသိုလ်(ယူကေ) မှ ပါရဂူဘွဲ့ (၁၉၇၆) ကိုရယူအောင်မြင်ကာ သိပ္ပံပညာရှင် အဖြစ် ၂၀၁၀-ခုထိ အမှုထမ်းခဲ့ပါသည်။ ၄င်းသည် သိပ္ပံသုတေသနစာစောင် ၆၀-ကျော် ကို ကိုယ်တိုင်ဖြစ်စေ စုပေါင်း၍ဖြစ်စေ ရေးသားထုတ်ခဲ့ပါသည်။ မြန်မာပြည် ၏ ယဉ်ကျေးမှု လူ့ဘောင်ဘဝ နိုင်ငံရေး တို့ကိုလည်း ရေးသားဆွေးနွေးကာ ၆-အုပ်သော စာအုပ်တို့ကိုထုတ်ဝေခဲ့ပြီးဖြစ်ပါသည်။

စာတည်း (အယ်ဒီတာ) များအား ငါရည်မွန်စွာ ကျေးဇူးတင်ပါသည်။ စာပေစန် သည် ဒီဂရီကောလိပ်တစ်ခုတွင် အထူးစာပေရေးသားမှုပညာပို့ချသင်ပေးသူဖြစ်ပြီး၊ ရဲကျော်မှာ စီးပွားရေးလုပ်ငန်းဦးစီးသူလည်းဖြစ် သက်ဆိုင်ရာ ဤနမျာများကို မြန်မာဒုက္ခသည်ခိုလုံရေးတွင် ကိုယ်ထူကိုယ်ထ အကူအညီပေးသူလည်းဖြစ်ပါသည်။ စာပေစန် ၏ ဝိစာရဏယုတ္တဝေဖန်မှုများ (*vicāraṇayutta,* critical thoughts) သည်ကား တန်ဘိုးရှိလှပါ၏။ ရဲကျော်သည်ကား ကဗျာရေးသူ ကိုဘဝတလျှောက်သိကျွမ်းသူဖြစ်သည်နှင့်အညီ ကဗျာရေးသူ၏ စိတ်ဝေဒနာကို မီးမောင်းထိုး အလင်းဆောင်ထားပေသည်။ ၄င်းတို့၏ ဝေဖန်မှုများ မှတ်ချက်များသည် ဤထူးခြားသော ကောင်းမွန်ရေးလှုပ်ရှားမှု (activism) ကမ္ဘာစာပေစု ကို တန်းဘိုးအနန္တ ကြီးမားစေသည်။

ချစ်စဘွယ်သောဤစာပေစုဖြစ်မြောက်ရေးကိုမမောမပန်းကြီးစားလုပ်ကိုင်ကြသည့်ငါ၏ထုတ်ဝေရေးအဖွဲ့ကိုလည်း အထူးကျေးဇူးတင်အပ်ပါသည်။

သျှင်နဝင်းခန်
ထုတ်ဝေသူ
ဇွန်လ ၁၆-ရက် ၂၀၂၄-ခု

Editor's Note: Sabah Sen

As you open this issue, take a moment to observe your surroundings—the light, the sounds, the way this book feels in your hands. What do you see, hear, feel? Note these details; they mark the beginning of our dialogue through these pages.

The voice in these pages dives into the complex tapestry of human experience, exploring themes of innocence and suffering, the search for meaning, and the resilience of the human spirit. These poems navigate through the burdens of our struggles, the purity of our hopes, and the profundity of our inner reflections. They challenge societal norms, articulate the pain that molds us, and echo the spiritual yearnings that steer our courses. Set against the backdrop of Myanmar, the poems are enriched by cultural and historical contexts that reflect significant events like political upheavals and social transformations, offering a prism through which to view our own times and challenges.

After you've read—whether it's one poem, five, or the entire collection—take a moment to reflect on your initial surroundings. Has your perception shifted in any way? How do the themes and emotions of the poems interact with your current environment and your feelings now? This journey through poetry is meant to be more than a reading experience; it's an invitation to connect, reflect, and perhaps transform through dialogue.

Sabah Sen, Editor, June 3, 2024
USA

x

စာတည်းမှတ်ချက် (အင်္ဂလိပ်ဘာသာသည်မူရင်း)

ဤစာပေစုကို ဖွင့်လှစ်သော အချိန်တွင် အသင်၏ ပတ်ဝန်းကျင်ကို ကြည့်ရှုပါ။ လင်းရောင်ခြည် လေသံမိုးသံများ နှင့် အတူ ဤစာအုပ်သည် အသင့်လက်တွင်းတွင် အာရုံဖြစ်ပေါ် လာပုံ စသည်သော အကြောင်းတရားများကို အမှတ်ပြုပါ။ ယင်းသင်္ကေတများသည်ပင်လျှင် ဘတ်ရမည့်စာမျက်နှာတို့၏ စကားသဘင် အစပြုခြင်းဖြစ် ပါသည်။

 စာအုပ်အတွင်းစာမျက်နှာများမှ ထွက်လာသော ဆိုပြောသံတို့သည် လူသားတို့၏ ပွေလီရှုပ်ထွေးသော ဘဝဖြစ်စဉ်ဇာတ်လွှာကို လေ့လာရှာဖွေခြင်းပင်တည်း။ ဖြူစင်သောနှလုံးသားတို့၏ နာကြည်းချက်များ၊ လူ့မနောဝ၏ အဓိပ္ပါယ် နှင့် စွမ်းရည်များ ကိုကြုံဆခြင်းများလည်းဖြစ်ပေသည်။ ဤကဗျာများသည် ငါတို့၏ ခက်ထန်လှသော ရုန်းကန်မှုများ၊ ငါတို့၏ သန့်စင်သော မျှော်လင့်ချက်များ၊ ငါတို့၏ နက်ရှိုင်းသော မနောဝိညာဉ်သဘာဝများ စသည့်နယ်ပယ်များတွင် ရွက်ဖွင့်ခရီးနှင့်ပါသည်။ ထိုထိုသောကဗျာများသည် လူ့ဘောင်၏နိယာမ သတ်မှတ်ချက်များကိုစိန်ခေါ်သည်၊ ငါတို့ကိုဖိစီးနေသောနာကြည်းချက်များကို ဖော် ထုတ်သည်၊ ငါတို့၏ဘဝကို လမ်းညွှန်သောစိတ်ဘဝင်၏အသံကိုပဲ့တင်ဟပ်နေသည်။

မြန်မာပြည်ငွေစင်ကြေးမုံပြင်တွင် ယဉ်မှုယဉ်ရာယဉ်ကျေးမှု နှင့် သမိုင်းရေးစီးကြောင်းဖြစ်စဉ်များကို ချယ်မှုန်း စီချယ်ထားသောစာပေစုများ ဖြစ်သည်သာမက အထင်ကရဖြစ်သော နိုင်ငံရေးအုံကြွမှုများ၊ လူမှုရေး ပြောင်းလဲမှုများကိုလည်း ထင်ဟပ်သိက္ခမ်းစေပေသည်။ ယင်းတို့သည်ကား ကြိုဂံမှုန်သားပြင် (prism) သဘွယ်ဖြစ်ပြီး ငါတို့ခေတ် ငါတို့ရင်ဆိုင်ရသော စိန်ခေါ်မှုများကို မှုတ်ကျောက်တင်ဆန်းစစ်စရာဖြစ်ပေသည်။ အသင်ဘတ်ပြီးသည့်နောက်တွင်- ကဗျာတစ်ပိုဒ်ဖြစ်စေ၊ ငါးပိုဒ်ဖြစ်စေ၊ အစအဆုံးအလုံးစုံဖြစ်စေ- ခဏနားပြီး အသင်၏ အစပြုချိန်မှ ပတ်ဝန်းကျင်ကို ပြန်လည်စူးစမ်းကြည့်ပါ။ အသင်၏ ထင်မြင်မှုအာရုံသည် လမ်းစပြောင်းလေပါသလား? ဤကဗျာများတွင်အသက်ဝင်သော အတွေးမျှင်များ ခံစားချက်များ သည် အသင်၏ လက်တလောပတ်ဝန်းကျင်နှင့်သော်ငြင်း၊ အသင်၏ စိတ်ဝေဒနာနှင့်သော်ငြင်း မည်သို့မည်ပုံ အတူနှင့်အလှယ်ပြုနေပါသနည်း? ဤကဗျာများ၏ခရီးစဉ်သည်ကား စာပေရသအတွေ့အကြုံမျှသာမဟုတ်။ လက်တွဲကြပါစို့၊ နှီးနှောကြပါစို့ ဟုလည်းဖိတ်ခေါ်ပါ၏။ ဆွေးနွေးတိုင်ပင်ပြီး စကားပွဲဖြင့် အသွင်ပြောင်းကြပါစို့ ဟုလည်း ဖိတ်ခေါ်ခြင်းဖြစ်ပါသည်တည်း။

စာပေစန်
ဇွန်လ ၃-ရက် ၂၀၂၄-ခု
အမေရိကန်ပြည်ထောင်စု

Editor's Note: Ye' Kyaw

What a pleasure it is for me to write this brief note for my beloved Uncle, Dr Shwe Lu Maung.

This is a brilliant collection of thoughts and feelings intricately expressed through words of love, elations and frustrations of a forlorn son of a (formerly) dazzling nation. Dr Shwe portrays his delicate sentiments based on Burmese(Myanmar)/Arakan(Rakhine) history, folklore, culture & traditions intertwined with social & political contexts.

A deeply thought-provoking compilation for the scholar, the philosopher, the analyst, and the savant alike….

 Enjoy.

Ye' Kyaw, Editor, Brisbane, Australia 2024.

စာတည်းမှတ်ချက် (အင်္ဂလိပ်ဘာသာသည်မူရင်း)

ငါ၏ဦးရီးတော် ဒေါက်တာရွှေလူမောင်၏ ကဗျာစာပေစုကို တည်းဖြတ်ခွင့်ရသည်မှာကား ဝမ်းမြောက်ဝမ်းသာ စရာဖြစ်ပေသည်။

ဤစာပေစုသည်ကား တချိန်သောအခါက ထွန်းလင်းတောက်ပခဲ့သော နိုင်ငံတစ်ခုကိုစွန့်ခွါခဲ့ရသည့် အဝေးရောက် ပြည်သူတစ်ဦး၏ စိတ်ပျက်မှုများ စိတ်ချမ်းသာမှုများ မေတ္တာပွားများမှုများဖြင့် နက်ရှိုင်းသော အတွေးအမြင် ဝေဒနာများကို ပုလဲတလုံးရှဲတလုံးသီကုံးကာ တောက်ပကြည်လင်စွာ ဖေါ်ထုတ်ထားသောကဗျာ ရသစာပေ ဖြစ်ပေသည်။ ဒေါက်တာရွှေသည် ဗမာ(မြန်မာ) နှင့် ရခိုင် သမိုင်း၊ ပုံပြင်၊ ယဉ်ကျေးမှု ဓလေ့ထုံးစံ တို့ကို ဇလွှာသဘွယ် လူမှုရေးနိုင်ငံရေးတို့ဖြင့် ထိုးနှတ်စီရင်ပေါင်းစီးချယ်မှုန်းထားပေသည်။

ပညာဆည်းပူးသူများ၊ တွေးခေါ်မြှော်မြင်စဉ်းစားသူများ၊ ဆန်းစစ်တွက်ချက်သူများ စသည်စသည်တို့အား နက်ရှိုင်းစွာ စိတ်အလုပ်များစေမည့် စာပေစုစည်းမှုတစ်ခုဖြစ်ပေသည်တည်း။။

ဘတ်ရှုပျော်မွေ့ကြပါလေ။။
ရဲကျော်၊ စာတည်း၊ ဘရစ္စဘိန်း၊ သြစတြေးလျှ ၂၀၂၄-ခု

Introduction by the author

Some of the poems in Burmese and Rakhine have been published earlier in the pre-2000 underground pamphlets, journals, and magazines published by the activists. Many poems, though, were written in the last twenty years; some were in English. The poems reflect the emotion-filled journey of the struggle that my 1962-generation went through and that the present young generation is going through. I and my 1962-generation are the first and foremost flag bearers of resistance and revolution against the dictatorial military administrative system of Burma (Myanmar) since March 2, 1962. The objective of the publication in the form of poems is to create a stronger awareness of our struggle—Myanmar's struggle—for peace and freedom.

Shwe Lu Maung

စာရေးသူ၏စကားဦး

တချို့သော ဗမာနှင့်ရခိုင် စာပေကဗျာများကို ၂၀၀၀-ခု မတိုင်မီက ကောင်းမွန်ရေးလှုပ်ရှားသူများ (activists) ထုတ်ဝေခဲ့သော မြေအောက် စာတမ်းစာစောင် ဂျာနယ်မဂ္ဂဇင်းများတွင် ထုတ်ခဲ့ပြီးဖြစ်ပါသည်။ များစွာသောကဗျာများသည်ကား လွန်ခဲ့သော အနှစ်-၂၀ ကာလအတွင်း ရေးသားချက်များဖြစ်ပါသည်။ တချို့မှာ အင်္ဂလိပ်ဘာသာအရင်းခံ ရေးသားချက်များဖြစ်ပါ၏။ ဤကဗျာများသည် ငါတို့-၆၂-မျိုးဆက်သည်ငှင်း လက်ရှိမျိုးဆက်များသည်ငှင်း ရင်နှင့်စွာဖြင့် ချီတက်ဖြတ်သန်းခဲ့ရ-ချီတက်ဖြတ်သန်းနေဆဲ ခရီးကို ထင်ဟပ် မော်ကွန်းတင်ပါသည်။ ငါနှင့် ငါတို့၏ ၁၉၆၂-မျိုးဆက်သည်ကား ၁၉၆၂-ခု မတ်လ ၂-ရက်မှစပြီး မြန်မာပြည်၏ အာဏာရှင်စစ်အုပ်ချုပ်ရေးစံနစ်ကို ဆန့်ကျင်တော်လှန်ခဲ့သော ကနဦးပထမဆုံးတပ်ဦးမှ အောင်လံထူသူများဖြစ်ပါသည်။ ဤကဗျာများကို ထုတ်ဝေတင်ဆက်ခြင်းသည်ကား ငြိမ်းချမ်းရေး-လွတ်မြောက်ရေးအတွက် ငါတို့၏ရှန်းကန်မှု-မြန်မာပြည်၏ရှန်းကန်မှု- ကို ထင်ထင်ရှားရှားသိနားလည်စေရေး ဦးတည်ချက်ပင်ဖြစ်ပါသည်။

ရွှေလူမောင်

Poems of Madness from Myanmar
A mirror of vedanā

မြန်မာပြည်မှ သူရူးကဗျာများ
ဝေဒနာ့ကြေးမုံပြင်

၁။ အဖွင့်စကား

ချို့တေးကဗျာ သီလို့လာ
"သူရူး" ပါတဲ့ ကဲ့ရဲ့ကြ လူတကာ။

ပညတ်သွားရာ ဓါတ်သက်ပါ
ရူးပါလေဘိ ဒီတေးကဗျာ။　　　။

1. Prologue

Singing and reciting the poems of sweet
melodies, moves on, he;
people at large proclaim, "Mad is he!"

The element follows the proclamation;
mad are the words in these renditions.

၂။ မြန်မာ-ရှေးနှင့်အခု

ရှေးသရောအခါ မြေကမ္ဘာဝယ်
မြန်မာပြည်ဟု ရှိလေတယ်။

အခုအခါ
ယင်းနေရာမှာ မသာအသုဘ
လင်းတပြည်သာရှိတော့တယ်။　　　။

2. Myanmar:
Antiquity and Today

In antiquity, on the planet Earth,
there was a country called Myanmar.

Now, in that place,
thriving on the dead and decay,
there exists a country of vultures.

၃။ အာဏာရူး

(ရခိုင်မူ)
နွှဲလယ်ခေါင် လီရူးထလို့ ရိုင်းရေအချိန်မှာ
ပဒိုင်းကိုပန် ပဒိုင်းကိုစား
ပဒိုင်းပင် အောက်မှာရာ
မွီးခ ပါသလား
အိ့ လူသား။ ။

(ဗမာမူ)
နွေလယ်ကျူးရ၍ လေရူးရယ်တဲ့ ရိုင်းချိန်မှာ
ပဒိုင်းကိုပန် ပဒိုင်းကိုစား
ပဒိုင်းပင် အောက်မှာများ
မွေးဖွားခဲ့လေ ရော့သလား
အိ့ လူသား။ ။

3. Powermonger

Deep in the midsummer,
while the mad wind dances wild,
wearing the datura flower,
consuming the datura fruit,
underneath the datura tree,
there, perhaps, you were born,
Oh! human.

၄။ လွတ်ရေးကိုမျှော်

(ရှေးစာဆို)
လှေကြီးပေါ်မှာ လှေငယ်တင်
ပဲ့စင်ကလှုပ် လှိုင်းကပုတ်
ကျွန်နုပ်ဘယ်နှယ့် ကူးပါ့မယ်။ ။

(ခေတ်စာဆို)
ပြည်ကြီးပေါ်မှာ ပြည်နယ်တင်
အေအောကလှုပ် တပ်မတော်ပုတ်
ဖိနှိပ်ချုပ်ချယ် ဘယ်သို့ဘယ်နှယ့် လွတ်ပါ့မယ်။ ။

4. Longing for freedom

(Ancient poem):
On the big boat is the small boat,
the stern trembles and the waves beat;
how am I to swim?

(Today poem):
On the Big Nation is the Small Nation,
Arakan Army strikes and Tatmadaw smites;
how is the opressed to be free?

၅။ ဆူးလေးဘုရား၏ မျက်မှောက်မှာ
(သွေးသစ္စာ)

သွားလျှင် လည်းသွား လာလျှင်လည်းလာ
ဤဘုရား၏ မျက်မှောက်မှာ
ဆူးလေးဘုရား၏ မျက်မှောက်မှာ
သွေးသစ္စာ တည်လျက်ပါ။

မြို့မ မြို့လယ်၊ လမ်းသွယ်လမ်းမ
သွယ်သွယ်ခလျက်၊ ဗုဒ္ဓသွင်တော်
ကိန်းအောင်းပျော်သည်၊ ဂုဏ်တော်ထိပ်တင်
ဆူးလေးသွှင်။

အသွှင်မျက်မှောက်၊ ပြည်သူလျှောက်သည်
တစ်ယောက်မဟုတ်၊ နှစ်ယောက်မဟုတ်
သိန်းသောင်းအုပ်ချို၊ တူပြိုင်စီလျက်
ညီညီစုစု၊ ဟစ်ကြွေးပြုသည်
"ပြည်သူ့လွတ်ရေး ဒို့အရေး။"

5. Under the eyes of Sule Buddha
(blood oath fundāmenta)

Go, if you must, come if you must,
under the eyes of Buddha;
in the sight of Sule Buddha,
we lay *blood oath fundāmenta*.

City downtown, roads and parkways,
from all paths, come and touch;
there, Lord Buddha happily stays,
glory be to Sule Pagoda, revered much.

Under Your watchful eyes, the people dare,
hundreds of thousands, they upstand;
shoulder to shoulder, march in unity and declare,
"people's freedom, we march for freedom."

ဆူးလေးဘုရား၏ မျက်မှောက်မှာ
(သွေးသစ္စာ)

Under the eyes of Sule Buddha
(blood oath fundāmenta)

သွားလျှင် လည်းသွား လာလျှင်လည်းလာ
ကျွဲဘုရား၏ ရှေ့မှောက်မှာ
ဆူးလေးဘုရား၏ ရှေ့မှောက်မှာ
သွေးသစ္စာ တည်လျက်ပါ။

အသွင့်မျက်မှောက်၊ ကျည်ဆံဖေါက်၍
ပေါက်ပေါက်ခန္ဓာ သွေးယို၍ကာဖြင့်
လမ်းမှာမှောက်လဲ သေပွဲခင်းလည်း
စိတ်တင်းကာသာ အော်ကြပါသည်
"ပြည်သူ့လွတ်ရေး ဒို့အရေး။"

သွားလျှင် လည်းသွား လာလျှင်လည်းလာ
ကျွဲဘုရား၏ ရှေ့မှောက်မှာ
ဆူးလေးဘုရား၏ ရှေ့မှောက်မှာ
သွေးသစ္စာ တည်လျက်ပါ။ ။

Go, if you must, come if you must,
under the eyes of Buddha;
in the sight of Sule Buddha,
we lay *blood oath fundāmenta.*

Under Your watchful eyes,
the bullets pierced the body
with the holes with blood flowing
laying on the street flat on the stomach;
death is the show of the day
still then, with strong mind
thousands after thousands shout
"people's freedom, we march for
freedom."

Go, if you must, come if you must,
under the eyes of Buddha;
in the sight of Sule Buddha,
we lay *blood oath fundāmenta.*

၆။ ကောက်ကျစ်ခြင်း

လွတ်ရေးကြို့ တိုက်ပွဲမှာ
တည်ပါမယ် ပြည်ထောင်စု ဆိုပီး
စုစည်းကာ ပင်လုံစာ သူရေး။

လွတ်လပ်ရေး ရပြန်တော့
တကျေ့ပြန် ကိုလိုနီ တည်တော့တယ်
တော်တော့်ကို ကောက်ကျစ်တယ်လေး။ ။

6. The crooked

In the fight for independence,
a federation shall be formed,
so said, at the Panlong Contract.

When the independence comes
rekindled was the colonialism;
so smart was the act of the crooked.

၇။ မွေးတနေ့, သေတနေ့,

ပင်လုံမှာ၊
ပြည်ထောင်စု ကလျာ မွေးလေတော့
ချယ်ရီတွေမွေး။

ပြည်တော်မှာ၊
ပြည်ထောင်စု အသုဘ ချလာတော့
ချယ်ရီတွေငိုကာကြွေး။ ။

7. Birth and death

At Panlong,
when Federation Maiden was born
the cherries bloomed.

At the capital,
when the Federation Maiden funeral
comes the cherries weep and wail.

၈။ ငွေနှင့်သွေး

မြေပြင်ငွေမှင် လူးတော့ခါ
ရွှေမန်းမြေ သာပါဘိလေး။

မြေပြင်သွေးမှင် လူးတော့ခါ
တောင်တန်းနယ် ဆွေးပါဘိလေး။ ။

8. Silver and blood

When the silver paints the earth
the land of Golden Mann looks happy.

When the blood paints the earth
the highland goes down with atrocity.

၉။ ပြည်သူ့လွတ်မြောက်ရေး

အတွေးသံသရာ စိတ်ကမ္ဘာမှသည်
အထည်အထုပ် သရုပ်သဏ္ဌာန်
အမှန်ပေါ်အောင်၊
အောင်ပန်းကိုပန် အောင်လံကိုလွှင့်
ရင်ကိုဖွင့်ကာ လွတ်ရာလွတ်စီ
စစ်ရေးချီသည် ဤသည်တော်လှန်ရေး
ပြည်သူ့အရေး လွတ်မြောက်ရေး။ ။

9. Peoples' liberation

From the *samsara* of thoughts,
passing through the world of
imagination,
with a hope of materialization,
in good shape and in good form,
to make it real,
I wear the flower of victory,
I hoist the flag of victory,
I open up my chest, must be free,
must be liberated,
I march and enter the revolution;
this is for the peoples; this is for the
liberation.

၁၀။ မတ်လ-၂ ရက်နေ့ ဦးဝင်းမြင့်အောင်

"ဥက္ကဋ္ဌကြီး ခင်ဗျား၊

✔မတ်လ-၂ ရက်နေ့ဟာ တပ်မတော်က
နိုင်ငံတော်အာဏာကို လက်နက်အားကိုးနဲ့
သိမ်းယူခဲ့တဲ့ နေ့ ဖြစ်ပါတယ်။
✔အတိတ်သမိုင်းကို စိတ်ရှိုင်းတွေနဲ့ အမုန်းတရား
အမုန်းစကား ဖြန့်ဝေ လက်စဉ် ကမ်းခြင်း
မဟုတ်ပါဘူး။
✔အမှန်တရားဆိုတာ အမျိုးသား
ပြန်လည်သင့်မြတ်ရေးနှင့် ငြိမ်းချမ်းရေးကို
အထောက်အကူ ပြုမည် ဖြစ်သည့် အတွက် . . .
✔အာဏာသိမ်းခံရတဲ့ မတ်လ-၂ ရက်နေ့
ဆိုတာ . . .
✔ပြည်သူလူထုကရွေးချယ်တင်မြှောက်သော
ပြည်သူ့အစိုးရ၊ ပြည်သူ့လွှတ်တော်၊
လူမျိုးစုလွှတ်တော် များကိုဖျက်သိမ်း ပစ်တဲ့နေ့-
✔ပြည်သူ အဖွဲ့ ဒီမိုကရေစီ နှင့် လူ့အခွင့်အရေး
စသည် ဆုံးရှုံးရသောနေ့-
✔အာဏာရှင်တွေအောက် ပြည်သူ့ကျောင်းသား
ပြားပြားမှောက်ရတဲ့နေ့-

10. The 2nd of March: U Win Myint Aung

"Mr. Speaker,

✔The 2nd of March is the day
Tatmadaw seized power at gunpoint.
✔I do not say this with wild thoughts or
the intention of spreading hate ideology
and hate words.
✔I say this because the truth will
promote national reconciliation and
peace.
✔The 2nd of March is the day
the people's government, the People's
Assembly, and the Nationalities
Assembly, elected by the people, were
abolished.
✔The 2nd of March is the day the people
lost democracy and human rights.
✔The 2nd of March is the day the people
and the students fell flat under the
dictators' boots.

မတ်လ-၂ ရက်နေ့ ဦးဝင်းမြင့်အောင်

✔တောင်သူလယ်သမား များ မျိုးစပါး
ဝမ်းစာစပါးမကျန် မြေသိမ်းခံ ရပြီး၊
ဆင်းရဲမွဲတေခြင်း ဒဏ်ကို ခါးစီး ခံရဖို့
အကြောင်းဖန်လာတဲ့ အာဏာရှင်မျိုးဆက်
တို့ကိုမွေးနေ့-
✔တောင်သူလယ်သမားနေ့ အဖြစ်သတ်မှတ်ခြင်း
ဟာ နိုင်ငံရေး စံတန်ဖိုးအရ အနှစ်သာရ
ကင်းမဲ့လှသည်ကြောင့်
✔ပြည်သူ့အစိုးရ အနေဖြင့် ဖျက်သိမ်းပစ်ရန်
ဆောင်ကြည်းချက်များ လုပ်သင့်ကြောင်း ဆွေးနွေး
လိုပါတယ်။"

(ဦးဝင်းမြင့်အောင်၊ ပြည်သူ့လွှတ်တော်ကိုယ်စားလှယ်၊
ဒီပဲယင်း၊ စစ်ကိုင်းဒေသကြီး၊ စက်တင်ဘာလ ၁၁-ရက်
၂၀၁၉-ခုတွင် ပြည်သူ့လွှတ်တော်၌ လွှတ်တော်ဥက္ကဋ္ဌ
ကြီးအား ပြောစကား)။

ကဗျာလေလား စကားပြေလား လင်္ကာလေလား
ခွဲခြားစရာ မလိုပါသော
အမှန်တရား သစ္စာစကားများ
ဂုဏ်ပြုပါတယ် ဦးဝင်းမြင့်အောင်။

စစ်အစိုးရကလည်း ဖမ်းတယ် ထောင်ချတယ်၊
ပြည်သူ့အစိုးရ (အန်ယူဂျီ)
ပြည်သူ့ကာကွယ်ရေးတပ်တွေကလည်း
ဖမ်းတယ် ထောင်ချတယ်
မြေစာပင်ဖြစ်ရလေတယ်။

သူပြောတာက အမှန်တရား သစ္စာစကား
စကားအမှန် အဖိနှိပ်ခံပြည်သူ့ အသံဖြစ်တယ်၊
ပြည်သူ့အများ ထောက်ချင့်စဉ်းစားကြပါလေ။ ॥

The 2nd of March: U Win Myint Aung

✔The 2nd of March is the birthday of the dictators' generation, which seized all the seed paddy, reserved food paddy, and paddy land and forced the farmers to tighten their belts under the weight of heavy poverty for generations.
✔Honoring such a day as Farmers' Day is senselessly wrong by every political standard.
✔Therefore, I here urge you: we, the people's government, must end this senselessness."

(U Win Myint Aung, People's Assembly Representative, Depayin, Sagaing Region, addressed these words to the Speaker at the People's Assembly on September 11, 2019).

Is it a poem? Is it a prose?
Is it a poetic prose? No need to classify.
These are the words of truth,
nothing but truth,
I am proud of you, U Win Myint Aung.

The military government arrested
and imprisoned him;
the People's Government (NUG) and
the People's Defence Forces
arrested and imprisoned him.
He became a grass bush
under the hooves of fighting buffaloes.

But, what he said was
the truth, nothing but truth;
the truthful words,
the voice of the oppressed people.
O' people, please think and you judge.

၁၁။ ကြမ္မာမယိုးသာ

ချစ်တဲ့သူငယ်လေ
သူငယ်ချင်းကောင်း ရောင်းရင်းတို့လေ။

ရှေးမူစာဆို၊
"တူနှစ်ကိုယ် တဲ့အိုးပျက်မှာနေရ ရွှေဘုံပေါ်မှာစံရ
ချစ်တာ ချစ်တာ ပခါန ပါတဲ့။"

ထို့နည်းအတူ၊
ဒို့ပြည်သူ တဲ့အိုးပျက်မှာနေရ ရွှေဘုံပေါ်မှာစံရ
တရားမျှတမှုသည် ပခါန ပါတဲ့။

သို့ပါသော်လည်း၊
တရားမျှတမှု မရှိတာမို့၊
"မချစ်သော်လည်း အောင့်ကာနမ်း"
ဆိုတဲ့ ဘဝကြုံရတယ်။
"မျက်နှာကြီးရာ ဟင်းဖတ်ပါ" ကြတယ်။
ကြီးနိုင် ငယ်ညှင်း ပြုကြတယ်။
ပြည်သူတွေမှာ စိတ်ဆင်းရဲ ကိုယ်ဆင်းရဲ
လောကငရဲ ရောက်ရတယ်။

အိုကွယ်၊
မီးကျောင်းရဲ့ရာ ကျားရဲ့ရာ
ဒီနိုင်ငံ မှာလဲ့ ကြမ္မာမယိုးသာ ပါကွဲ့လေး။   ။

*****
ပါဝင်သော စကားပုံများ။
၁။ မချစ်သော်လည်း အောင့်ကာနမ်း။
၂။ မျက်နှာကြီးရာ ဟင်းဖတ် ပါသည်။
၃။ မီးကျောင်းရဲ့ရာ ကျားရဲ့ရာ ကြမ္မာမယိုးသာ။   ။

11. Don't blame karma

Dear childhood friends,
good friends, O' my pals;

An ancient epigram says,
"for two lovers, together,
in a rundown bamboo hut
or in a golden mansion,
love, only love, is the core."

Likewise, we say,
we, the people,
in a rundown bamboo hut
or in a golden mansion,
just and fair play is the core.

Nevertheless:
In the absence of justice and fairness,
we face a life where we were forced
to hold the breath and kiss, with no love;
the meat is served to the big shots;
the strong exploits the weak;
people live with broken mind
and broken body;
hell is at large on earth.

Oh my goodness,
in this country of crocodiles and tigers,
we ought not to blame karma.

*****
Myanmar proverbs used:
1. With no love, hold the breath and kiss.
2. The meat is served to the big shots.
3. In the land of crocodiles and tigers,
   do not blame karma.

၁၂။ ပင်လုံသူဇာ

မမလေးရယ်တဲ့ ပင်လုံသူဇာ
ပြည်ထောင်စုချောကလျာ။

မမလေးကိုနှော်ဗျာ ဒီမောင်ခိုးမယ်လို့
နေပြည်တော် လူဆိုးဂိုဏ်းရယ်နဲ့
တိုင်ပင်ပါတယ်ကွဲ့ အခါခါ။

သို့ပါသော်ကွယ်
လူဆိုးဟာ လူဆိုးပါဘဲ ငွေများရာ မျက်နှာပါ
သူတို့သာ လူ လူ ဟစ်တာမို့
ကွယ်၊ ဒီမောင်မှာ ပြည်ပြေး ဖြစ်ရတယ်
သနိဂ်ဏ်းစာ ချင့်တွက်ကာတွေး။

ဘယ်သို့ဆိုစေ၊ အဝေး ဒီကမ္ဘာက
မမလေးရယ်တဲ့ မေပင်လုံကို
မမေ့ပါ ရင်တဖိုဖိုနှင့်
အဟုတ်ကို မောင်လာခိုးပါ့မယ်
စောင့်ကာသာ ပျော်စရာ
မျှော်ပါတော့ မမလေး။ ။

12. Panglong Beauty

My little miss, Panlong Beauty,
the federation maiden is the pretty;
O' my little miss, in view of
eloping with thee,
Capital Gang, I approach with a fee.

A gang is a gang, however,
"Burglar, burglar," they shout;
they go for a bid higher,
now a fugitive, what a tale I tell about.

No matter what-so-ever,
you are in every of my heart beat;
though I am global afar,
again and again, I will take the heat.

Be ready and wait for me,
I'll come to flee with thee;
my little miss, Panlong Beauty,
together, we shall be happy.

၁၃။ ဆန္နင်းဘူး

ပြောတာတော့ ပြည်ထောင်စု
လုပ်တာတော့ ပြည်နယ်စု ဒေသစု॥

ပြောတာတော့ ညီအကို
လုပ်ပြန်တော့ သခင်မျိုးတဲ့ ဟိတ်ဟန်ပို॥

ပြောတာတော့ ဗမာတစ်ကျပ် သျှမ်းတစ်ကျပ်
လုပ်လေတော့ ဗမာဆယ်ကျပ် သျှမ်းတစ်မတ်॥

စကား စကား ဒီစကား
ဆန္နင်းဘူး မှောက်တဲ့ စကားတောင်စား॥   ॥

13. Turmeric spill

When said, loud and clear is
Pyihtaungsu;
when done, clear and visible is
Pyinaysu- Deythasu.

When said, brothers all together;
when act, pompous and racial, why
wonder.

When said, Bama one Kyat, Shan one
Kyat;
when implement, Bama ten Kyat, Shan a
quarter Kyat.

Words, words, all these words;
a pile of turmeric spill, trickster's words.

Notes.
1. "Turmeric spill" is a Burmese idiom for "all
messy lies."
2. Pyi-htaung-su is federation; Pyi-nay-su and
Dey-tha-su is a quasi-federation.

၁၄။ ပြည်ထောင်စု အကျဉ်းထောင်

ချစ်တဲ့ သူငယ်လေ
သူငယ်ချင်းကောင်း ရောင်းရင်း တို့လေ။

ပြည်ထောင်စု မှန်ပါလျှင်ဖြင့်
သကာပျားထက် ဆယ်ဆပို
အရသာ ချိုပါတယ်ကွဲ့ မင်းသိသည်ပင်။

အခုမှာတော့
ငရုပ်သီးထောင်းနဲ့ တမာရွက်ပြုပ် စားရသလို
ပူပူစပ်စပ် ခါးခါးဖန်ဖန်
ချွေးသီးတွေပြန် ကိုယ်ဟန်ကယွင်း
ဝမ်းတွင်းကပူ ရင်ကဆူတယ်
ဇမ္ဗူ့မြေမှာ ဒီပြည်ထောင်စုဟာ
အကျဉ်းထောင်ကြီးပါကွဲ့ မင်းသိစေချင်။　။

14. A country of prison

Dear childhood friends, good friends,
Oh my pals,

Should a federation be genuine
it will be ten times more sweeter
than the molasses and honey,
that you know better.

On the contrary,
It is just like
eating the boiled Neem leaves
with the chili paste;
hot and bitter,
soaked in a shower of sweat,
the body reels in discomfort,
fire in the stomach and the chest boils;
in this system of the world,
this country is a prison,
I want you to know, clear.

၁၅။ အမြွေအတေ

ချစ်တဲ့သူငယ်လေ
သူငယ်ချင်းကောင်း ရောင်းရင်းတို့လေ။

မေးပါရစေ တိမ်မကွယ်သင့်။

လူမျိုးစု လူမျိုးစု ဘာလူမျိုးစုလဲ?
လူနည်းစု လူနည်းစု ဘာလူနည်းစုလဲ?
လူမျိုးကြီး လူမျိုးကြီး ဘာလူမျိုးကြီးလဲ?

ငါ့ရဲ့အဘိဓမ္မာ ငါ့ရဲ့နိုင်ငံရေးမှာ
ပြည်သူဆိုတာဘဲ ရှိတယ်။

ပြည်သူသည်ပင်လျှင် အမြွေအတေ
ပြည်သူသည်ပင်လျှင် ပတ္တမြား ရတနာ
ပြည်သူသည်ပင်လျှင် မိုးပြာပြာက
ကြယ်တာရာတွေဖြစ်တယ်။

15. The *primum essencium*
(the first essence)

Dear childhood friends,
good friends, O my pals;

permission to ask,
may there be no cloud that shrouds.

The tribe, the tribe,
what the heck is a tribe?
The minority, the minority, what the
heck is a minority?
Big race, big race,
what the heck is a big race?

In my philosophy, in my politics,
only the people exist;
the people constitute primum essencium,
the people are the precious rubies,
the people are the stars in the blue sky.

အမြှုအတေ

The *primum essencium*

အခုတော့
အမြှုအတေကို နားမလည်
ယဉ်ကျေးမှု အနှစ်သာရကိုပင်
လူမျိုးရေးဆန္ဒတွေနှင့် ရောထွေး
လူမျိုးရေးဝါဒ ကိုပင် အမျိုးသားရေးဝါဒ လုပ်ပြီး
ပြည်သူတွေကို လူမျိုးစု လူနည်းစု လူမျိုးကြီး ဆိုပြီး
သွေးခွဲလေတော့
ချယ်ရီတွေ သွေးစွန်းပြီး ပိတောက်တွေလဲ
ညှိုးနွမ်းတယ်
တောင်တန်းပြာတွေ ငိုကြွေးပြီး
ဧရာဝတီလဲ သွေးစီးတယ်။

ဖြစ်ရလေခြင်း အို ရောင်းရင်း။   ။

See, with no knowledge of primum
essencium,
the essence of culture is abused,
and mixed with the racial bigotry;
racism is manufactured into nationalism,
people are grouped into the tribes,
the minorities, and the big race,
since such is a divide of blood,
the cherries become stained with blood,
the padauks* gone withering,
the blue mountains shed the tears,
Irrawaddy flows the blood.

What a tragedy, O my pals.

*Pterocarpus macrocarpus

၁၆။ ဖွတ်ထွက်တဲ့ မြင့်မိုရ်တောင်

ချစ်တဲ့သူငယ်လေ
သူငယ်ချင်းကောင်း ရောင်းရင်းတို့လေ၊ ။

မြန်မာပြည်တိုင်းကြီး၌ါနေ- ၁၉၆၂-မှာ
ဗိုလ်နေဝင်း အာဏာသိမ်းလေတော့
ပျော်လိုက်ကြတဲ့ ဗမာတွေ
“ပြည်ထောင်စု တည်မြဲရေး” တဲ့လေ၊ ။

ဒီမြေကမ္ဘာ ဧရာဝတီမှာ
သေးငယ်တဲ့ ဗေဒါတွေ မျောသလိုဘဲ
အနန္တစကြာဝဠာမှာ
‘အချိန်ဆို’ တာလဲ့ လွင့်မျောနေတဲ့
အရူပခရီးသည်ပါဘဲ၊ ။

သင်္ခါရဓမ္မတာ ရာသီအလီလီပြောင်းသော်လည်း
မဟောင်းနိုင်ပါတဲ့ ၁၉၈၈-မှာ
စိန်ပန်းတွေရဲ့သလို
၈-လေးလုံးအရေးတော်ပုံကြီးလဲ့
နေခြည်မှာ ပတ္တမြားတွေတောက်လို့
ဖူးပွင့်လာတော့
သွေးဆာတဲ့ဖွတ်ကောင်ကြီးက ထွက်လာတယ်၊ ။

16. Komodo Dragon of Mt. Meru

Dear childhood friends,
good friends, O my pals;

In the great land of Myanmar, in 1962,
when Bo Ne Win staged the coup d'état
so happy were the Bama,
"An action for the Union continuation,"
thus, they said.

On this planet, in the Irrawaddy River,
the small water hyacinth goes afloat;
in the like manner,
in the endless space of universe,
'time' is a flowing formless traveler.

In its nature of *Saṅkhāra,*
the season changes again and again;
nonetheless, in the ever-refreshing 1988,
competing with the crimson red diamond flowers,
four-8 uprising bloomed with the
sparkling rubies in the sun;
then, that, the blood-hunger
Komodo Dragon came out.

ဖွတ်ထွက်တဲ့ မြင့်မိုရ်တောင်

Komodo Dragon of Mt. Meru

ဒီတော့ ဒီအခါမှသာ
"အို့" "ဟာ" "ဟင်"
အမေ့ကိုတ အဖေ့ကိုတ ဘုရားကိုတပြီး
"ဒို့ ကိုးကွယ်တဲ့ တောင်မြင့်မိုရ်ဟာ
ဖွတ်တောင်ပို့ကြီးပါလား" လို့
အသိဆန်းကြတဲ့ ဗမာတွေ
ချော် – သွေးရင်းသားရင်း
ညီအကိုမောင်နှမတွေ၊ ॥

ချစ်တဲ့သူငယ်လေ
သူငယ်ချင်းကောင်း ရောင်းရင်းတို့လေ॥
နီမှသောင် နောင်မှသိမယ်လေး
ထိုးအဆိုရှိတယ်॥ ॥

Only then, in the real time,
"O," "Ha," "Hin,"
uttering "Oh mother," "Oh father," "Oh God,"
"The Mt. Meru we worship is
just a mound of Komodo Dragon;"
as such realization dawned for the Bama,
our siblings, the next of kin to our blood.

Dear childhood friends,
good friends, O my pals;
"Time is a great teacher,"
this is the saying to confer.

၁၇။ အမှိုက်ပုံမှလသာည

အရှေ့အနောက် တောင်မြောက်ဝဲယာ
လေးမျက်နှာမှာ တောင်ပုံယာပုံ
အမှိုက်ပုံသည်သာ နတ်ဘုံနတ်နန်း
ငါ့စခန်းပါ။

အမှိုက်ပုံမှာ ကောင်းရာကောင်းနိုး
ရန်းရကြောင်း တချောင်းချောင်းလျှင်
ငါတူးထွင်သည် လူပင်လူဖြစ
ငါ့အဖြစ်ကား အမှိုက်သရိုက်
လူ့အမှိုက်ပါ။

မြို့ကြီးပြကြီး အိမ်ကြီးအိမ်ယာ
ကွန်းရိပ်သာမှ စွန့်ကာပစ်ကြ
အမှိုက်ထဲမှ ငွေခဲငွေစ
တွေ့ရန်းနိုး ထိုးကာဖေါက်ကာ
ငါဖွေရှာသည် ဝမ်းစာတနပ်
တနပ်ထမင်း မှီကာတင်း။

ဘဝတခု လူမှုအဓိပ္ပါယ်
ဘယ်သို့ဘယ်ပုံ အမှိုက်ပုံမှာ
ငါတွေ့ပါသည် လသာညများ
ထူးမခြားနား။   ။

17. Moonlit night of garbage mountain

In the east, in the west,
also, in the north and south, left and
right,
in all directions, as high as the
mountains,
are the garbage mountains, where I make
my home,
it is my heaven.

In the garbage mountains,
something good, something nice,
I may find, with eyes everywhere,
I dig and I pluck;
I am a man among the men,
nevertheless, my life is just a trash,
a human garbage.

From the big cities, big towns,
from the big houses and mansions,
all the garbage they trash;
these are my silver and dollar mines,
I dig, I sieve, and I search
a thing of value, I may find
to help me feed my stomach,
one meal, I depend on.

When a life is formed
what could be the meaning of a human?
I find it in the garbage mountains;
moonlit nights are
nothing special, nothing different.

၁၈။ ရန်ကုန်တက္ကသိုလ် မှ သွေးသမိုင်း

ချစ်တဲ့သူငယ်လေ
သူငယ်ချင်းကောင်း ရောင်းရင်းတို့ လေ။

တက္ကသီလာ၊ မြကျွန်းသာဟု
ဆိုပါဘိလည်း၊ အဓိပတိလမ်း
လျှောက်ကာလှမ်းသော်၊ ဂန့်ဂေါ် ဝတ်မှူံ
မွေးပုံသင်းပုံ၊ သွေးနှံ့ထုံသည်
အစုံမျက်ဝန်း၊ မျက်ရည်လျှမ်းသော
ဤလမ်းသမိုင်း၊ သွေးသမိုင်းပါ။

ကြော်၊ တက္ကသီလာ
ရိုင်းသည့်ရာဇဝင်ပါ အို ရောင်းရင်း။   ။

18. Blood History of Rangoon University

Dear childhood friends,
good friends, O my pals;

The *university,* the island of jade beauty,
thus, we revere;
but, stroll along the Adipati Road,
the blooms of gantgaw (*Mesua ferrea),*
the way they scent, in their fragrance,
a taint of fresh blood makes inroad,
making tears well in the eyes,
bloody is this road history.

Oh my pals,
alas, this university carries a savage
history.

၁၉။ ငိုကြွေးပြန်သော ထိုနေ့များ

ချစ်တဲ့သူငယ်လေ၊ သူငယ်ချင်းကောင်း
ရောင်းရင်းတို့ လေ။

စိန်ပန်းနီနီ၊ မိုးယံမှိ၍
သီသီတန်းတန်း၊ လှဆန်းလန်းသည့်
နတ်ပန်းပန်းချီ၊ လက်လှမ်းမမှီသော
တက္ကသီလာ၊ မြကျွန်းသာ၏ အလှများ။

သို့သော်၊
ထူးထူးဆန်းဆန်း၊ ယင်းပန်းအလှ
ကြွေကျမြေခ၊ မိုးကာလတွင်
မြစ်မအသွင်၊ သွေးချောင်းထွင်သည်
ဘဝင်ဝိညာဉ်၊ ငိုကြွေးပြန်သော ထိုနေ့များ။

ရင်နာစရာ ဒီတက္ကသိုလ်ပါ အို ရောင်းရင်း။   ။

19. The days the soul cries

Dear childhood friends,
good friends, O my pals;

Delonix regia, the red flowers decor the
sky,
bunches after bunches, fresh in blooms,
a beauty of the university,
not even matched by the art of heaven.

Nevertheless, strange, how strange,
the pretty flowers, when they touch the
ground, the rainy monsoon
breaks into a river of blood,
the days the soul of conscience cries,
again, yes, again.

Oh my pals,
painful is this university.

20. The University of Hunger

၂၀။ ထမင်းငတ်သည့် တက္ကသိုလ်

ချစ်တဲ့သူငယ်လေ
သူငယ်ချင်းကောင်း ရောင်းရင်းတို့လေ။

စိန်ပန်းပြာပြာ၊ မိုးပြာပြာဝယ်
ဖြာဖြာလွင့်လွင့်၊ ဆန်းတင့်ပွင့်သော်
မိုးကိုမျှော်၍၊ ပျော်စေသော်။

ပညာဆည်းပူးပန်းနှယ်ခူးပြီး
ဘွဲ့ထူးရယူ၊ တမူရှင်လန်း
ပြုံးပန်းပွင့်ပွင့်၊ ဂုဏ်ဆင့်တင့်သော်
ရှေ့ကိုမျှော်၍ ပျော်စေသော်။

ဘွဲ့ထူးကိုပိုက်၊ လျှောက်လွှာကိုက်ပြီး
တစိုက်တစိုက်၊ အလုပ်လိုက်ရှာ
မတွေ့ပါသော်၊ ဝမ်းစာခက်ခက်
အလုပ်လက်မဲ့၊ ပစ္စည်းမဲ့လျှင်
ပြာလွဲ့နုဆန်း၊ စိန်ပန်းကိုစု
စားလှုမတတ်၊ ထမင်းငတ်သော်
မိမြတ်တက္ကသိုလ်၊ သိစေသော်။

ဪ -
သုခမိန်သော်မှ၊ မပျော်နိုင်ပါသော
တက္ကသိုလ်ပါ အို ရောင်းရင်း။　။

Dear childhood friends,
good friends, O my pals;

Blue jacarandas spread
and blanket the blue sky,
a splendor the way they bloom,
look up the sky and be happy.

Plucking the flowers,
collecting the knowledge,
crowned with a degree,
such a special happiness,
smiles upon smiles, glory upon glory,
look forward and be happy.

With a degree in my hand,
biting an application in my teeth,
laborious and persistent, I look for a job,
just to find none;
jobless, property-less, a proletariat!
I collect the tender blue jacarandas,
with the thoughts of feeding
my rumbling stomach,
such is my life of bitter hunger;
let it be better known,
Oh my university, Noble Mother.

Alas, Oh my pals,
even the learned finds
no happiness in this university.

၂၁။ ခရီးသွေးပြင်

(၁၉၆၂ ဇူလိုင် ၇ မှ ၂၀၂၄ ဇူလိုင် ၇ ထိ ၆၂ နှစ်)

ချစ်တဲ့သူငယ်လေ
သူငယ်ချင်းကောင်း ရောင်းရင်းတို့လေ။

အဒိပတိလမ်း ငါလှမ်းကာ လျှောက်လေတော့
တဖြောက်တဖြောက် တဘောက်ဘောက်နဲ့
မိုးပေါက်တွေ လေအငွေ့မှာ တသွဲ့သွဲ့ ကြတာမို့
မရဲတဲ့ ငါ့မျက်ရည် လူမမြင် သူမမြင်
မိုးပေါက်အသွင် ငါ့ပါးပြင်မှာ
စီးပါလေတယ် သူငယ်ချင်း။

မင်းရဲ့သွေးပြင် ဒီလမ်းတခွင်မှာ
တသွင်သွင်စီး မြစ်မကြီးလိုဆင်းလေတော့
ခရီးအဝေး မင်းရဲ့သွေးနဲ့
အပြေးသွားခဲ့ရတဲ့အဖြစ်
၆၂-နှစ် တိုင်ခဲ့ပါပြီ သူငယ်ချင်း။

21. The journey of blood
(7th July 1962 to 7th July 2024: 62 years)

Dear childhood friends,
good friends, O my pals;

Adipati Road, I step on and walk along,
the wind plays a flute of melody,
the rain dances pit-a-pat to the whips of
the melody;
the timid tears of mine,
hiding from the sight of the passersby,
mingle with the rain drops,
just to roll down my face.

Your blood, all the way of this road,
flows unstopped,
in the pattern of a big river;
a long journey with your blood,
in a rush, I have marched,
now is long *62 years*, O my pal.

ခရီးသွေးပြင်

The journey of blood

ဒီတိုင်းဒီပြည် ဒီကမ္ဘာမြေမှာ
စစ်အာဏာရှင် ပပျောက်ရေး
မင်းရဲ့သွေးသည်သာ အချိန်မဲ့ အခါမဲ့
စကားပြောနေပါတယ် သူငယ်ချင်း။

ဩ - ချစ်တဲ့သူငယ်ချင်း ငါ့သူငယ်ချင်း
စစ်အာဏာရှင် ဖက်ဆစ်ဘုရင်ကို
ရင်ဖွင့်စတေး အသက်ပေး၍
တိုက်ရဲခဲ့လေသော ငါ့သူငယ်ချင်း။

မင်းသွေးနီနီ စိန်ပန်းတွေနီလေတိုင်း
ရီဝေမျက်ဝန်း မျက်ရည်လျှမ်းပြီး
ဒီလမ်းအဓိပတိ ငါရောက်မိလျှင်
အသိစိတ်တွင် တိုက်ပွဲဝင်သည်
"အာဏာရှင်စံနစ် ဖျက်သိမ်းပစ်။"

ဩ၊ ဖြစ်မှ-
ဖြစ်ရလေခြင်း ငါ့ရောင်းရင်း။   ။

In this land, in this country, in this
world,
may there vanish military dictatorship,
your blood is the only voice
that echoes through the time,
O my pal.

O my dear friend, my pal,
standing with your chest open,
against the military dictator,
the fascist king,
you dare to fight,
you dare to die, you're my pal.

Your blood, red and crimson,
shines in the blooms of *Delonix regia*;
my eyes welled with tears,
always, I walk on this Adipati Road,
with a mind that yells,
"Down with dictatorship."

O my goodness,
my pal, O my goodness!

၂၂။ သမိုင်းဟူသည်သွေးစီးပြင်

ချစ်တဲ့သူငယ်လေ
သူငယ်ချင်းကောင်း ရောင်းရင်းတို့လေ။ ။

"တပ်မတော်သည်ပင်လျှင်
တိုင်းကြီးသခင်ဖြစ်တယ်" လို့ ၁၉၆၂ မှာ
ကြေငြာလိုက်လေတော့---

တော်လှန်ရေးဖခင် ဆရာစံအရိုးက
အထိန့်တလန့် အလန့်တကြား တွန်တော့တယ်။

ရေနံမြေသပိတ်ဂေါင်းဆောင် သခင်ဖိုးလှ့ကြီးက
ဟက်ဟက်ပက်ပက် ရယ်တော့တယ်။

လွတ်လပ်ရေးတံခွန်တိုင်
မစ္စတာမောင်မှိုင်းခေါ် သခင်ကိုယ်တော်မှိုင်းက
ထုံးစံအတိုင်း နှုတ်ခမ်းမွေးသတော့တယ်။

နူ-အက်တလီစာချုပ်နဲ့ လွတ်လပ်ရေးယူပေးခဲ့တဲ့
သခင်နုခေါ် နိုင်ငံတော်ရဲ့အစပထမ
ဝန်ကြီးချုပ်ဦးနုက ထောင်မင်းသားဖြစ်လာတယ်။

ပင်လုံညီလာခံ ပင်လုံစာချုပ်ရဲ့
ဗိသုကာတစ်ဦးလည်းဖြစ်
မြန်မာနိုင်ငံရဲ့ ဦးစွာပထမ သမတကြီးလည်းဖြစ်တဲ့
စပ်ရွှေသိုက်ကတော့ ထောင်တွင်းမှာဘဲသေရတယ်။

22. History is a bloodstream

Dear childhood friends,
good friends, O my pals;

"Tatmadaw is the Lord of the Country,"
upon such declaration, in 1962---

The father of revolution,
Saya San's bones crowed,
sounding an emergency;

Oil-field Strike Leader,
Thakin Pho Hla Gyi,
laughed all heart out;

The Banner of Independence,
Mister Maung Hmaing aka Thakin
Kodaw Hmaing
began grooming his moustache, as per
his standard habit;

The person, who brought Burma
independence with the Nu-Attlee Treaty,
Thankin Nu aka U Nu, the first prime
minister of the Country,
became the prince of prison;

An architect of the Panglong Conference
and Panglong Treaty,
as well as the first and foremost
president of Myanmar Naignan,
Sao Shwe Thaike was compelled to die
in the prison;

သမိုင်းဟူသည်သွေးစီးပြင်

History is a bloodstream

ရဲဘော်သုံးကျိပ်ဝင် သခင်ရှုမောင်ခေါ် ဗိုလ်နေဝင်း၊
တပ်မတော်ဦးစီးချုပ်ဗိုလ်ချုပ်ကြီးနေဝင်းက
ဆိုရှယ်လစ်သမတကြီးဦးနေဝင်းဖြစ်လာတယ်။

၈-လေးလုံးအရေးတော်ပုံကြီးလဲ
ပုံပမာပေးရရင် ပတ္တမြားအသွေးလို
နီကြာရဲရဲပေါ် တော့တယ်။

ဆူးလေးဘုရားရင်ပြင်မှာလည်း
သွေးတွေလျှမ်းလို့လွှမ်းတော့တယ်။

ဩော်၊
 ဧရာဝတီဆိုတာကတော့
ပန်းပြာကလေးတွေပန်တဲ့
ဗေဒါကလေးတွေမျောတဲ့ ရေစီးပြင်ပါ။

သမိုင်းဆိုတာကတော့
ပန်းနီကလေးတွေပန်တဲ့
အညတြလူသေလေးတွေမျောတဲ့ သွေးစီးပြင်ပါ။

ချစ်တဲ့သူငယ်လေ
သူငယ်ချင်းကောင်း ရောင်းရင်းတို့လေ။　　။

A member of the Thirty Comrades,
Thakin Shu Maung aka Bo Ne Win,
the Chief of Tatmadaw,
General Ne Win, became
the Socialist President U Ne Win;

And, so,
the Four-Eight's Great Ayedawpon,
people's quest for freedom,
bold and radiant like the blood of ruby,
also sprouted, spewing out the brilliant
red blood;

The Sule Buddha Estate
became flooded and inundated with
blood;

Ooh,
Irrawaddy is a mass of water stream
where the small vedas aka water
hyacinths,
wearing the little blue flowers on the top,
flow;

History is a mass of bloodstream
where unknown dead humans,
wearing the little red flowers, flow;

Dear childhood friends,
good friends, O my pals.

၂၃။ အရှုံးသွားဧ၏စကား

"ကံကိုယုံ၍ ဆူးပုံကိုမနင်းနှင့်၊"
ဒါက ရှေးစကား၊ ။

"နိုင်ငံရေးကိုယုံလို့
တော်လှန်ရေးမှာ မပုံပါလေနှင့်၊"
ဒါက ငါ့စကား။ ။

23. Words of a defeated man

"With faith in karma,
do not step on the thorns;"
these are the words of forebears.

"With faith in politics,
do not bet on the revolution;"
these are my words.

၂၄။ ပြည်သူ မကြိုက်သော လူတစ်စု

ပြည်သူပေးသော ထမင်းကိုစား
ပြည်သူပေးသော ယူနီဖေါင်းကိုဝတ်
ပြည်သူပေးသော သေနတ် ကိုကိုင်ပြီး
ပြည်သူကိုသတ်
ညစ်ပတ်လေသော လူတစ်စု
ပြည်သူ မကြိုက်သော လူတစ်စု။ ။

24. A hated gang

Living on the food given by the people,
wearing the uniform given by the
people,
with the guns given by the people,
they kill the people;
they're a dirty gang,
people hate them.

၂၅။ ဖြစ်လိုသည့်ငါ့ဆန္ဒ

အစဟူသည်လည်းမရှိ
မစဟူသည်လည်းမရှိ
ကျွ]သည်သောကမ္ဘာတွင်
အတ္တီလည်းမဟုတ် နတ္တီလည်းမဟုတ်
ကျွ]သည်သို့သာလျှင် ငါဖြစ်ချင်သည်၊   ။

ရူပကမ္ဘာတွင်သော်၎င်း
သုညကမ္ဘာတွင်သော်၎င်း
အပြုလည်းမဟုတ် အဖျက်လည်းမဟုတ်
ကျွ]သည်သို့သာလျှင် ငါဖြစ်ချင်သည်။

ဝိညာဉ်လောကတွင်၎င်း
ဝိညာဉ်မဟုတ်သောလောကတွင်၎င်း
သိသည်လည်းမဟုတ် မသိသည်လည်းမဟုတ်
ကျွ]သည်သို့သာလျှင် ငါဖြစ်ချင်သည်။

အာကာသတွင်ဖြစ်စေ လောကတွင်ဖြစ်စေ
ပရိမိတ စ-ဆုံးသည်လည်းမဟုတ်
အနန္တ မစ-မဆုံးသည်လည်းမဟုတ်
ကျွ]သည်သို့သာလျှင် ငါဖြစ်ချင်သည်။

ဒီမှာဘဲဖြစ်စေ ဟိုမှာဘဲဖြစ်စေ
ဟိုဒီမဟုတ်မှာဘဲဖြစ်စေ
ရှိသည်လည်းမဟုတ်
မရှိသည်လည်းမဟုတ်
ကျွ]သည်သို့သာလျှင် ငါဖြစ်ချင်သည်။   ။

(ကျွ]သည်ကား အင်္ဂလိပ်ဘာသာမူရင်းကို
မြန်မာမူပြုခြင်းဖြစ်သည်။)

25. I wish I were

In the cosmos of
originated or unoriginated,
neither exist nor non-exist,
I wish I were.

In the world of material or void,
neither created nor destroyed,
I wish I were.

In the realm of
consciousness or unconsciousness,
neither perceived nor unperceived,
I wish I were.

In space or place,
neither finite nor infinite,
I wish I were.

Here, there or nowhere,
neither present nor absent,
I wish I were.

(Burmese version is the adaptation of the English
original).

၂၆။ ငါ့ရင်သွေး

ငါ၏ ရင်သွေး ငါ့ရင်သွေး
ငါ့ နှလုံး၏နှလုံး
ငါ့ မျက်စိ၏မျက်စိ
ငါ့ အာရုံ၏အာရုံ
ငါ၏ ရင်သွေး ငါ့ရင်သွေး၊   ။

လှိုင်းဖြူဖွေးတွေမှာ ငါလမ်းထွင်တော့
ငါ၏ပုခုံးပေါ် ကနေ မင်းလမ်းညွှန်တယ်၊
တောင်တန်းကြီးကို ငါကျော်တော့ခါ
ငါ့လက်ကို ဆုပ်ကိုင်ပြီး မင်းချိန်ခွဲ့ဆပေးတယ်၊   ။

ဆည်းဆာရဲ့ ဝက်ဘာမှာ ငါလမ်းစရှာတဲ့အခါ
"ရွှေရောင်မျှင်တန်းနှင့်ကြေးနီကောင်းကင်ဟာ
ကဗျာလက်ာ" လို့ မင်းပြောတယ်၊
အလှရဲ့ရသကို အာရုံထင်စေတယ်၊   ။

အဟုတ်ကိုပြောရရင်
ဒီမှာ ဆည်းဆာဆိုတာမရှိရင်
ဟိုတနေရာမှာ မိုးသောက်ဆိုတာ
ဘယ်ရှိပါ့မလဲ၊   ။

အို- ငါ့ နှလုံး၏နှလုံး
ငါ့ မျက်စိ၏မျက်စိ
ငါ့ အာရုံ၏အာရုံ
ငါ၏ ရင်သွေး အို-ငါ့ရင်သွေး၊   ။

26. My child

My child, you are my child,
the heart of my heart,
the eye of my eye,
the sense of my sense,
you are my child.

Through the crests of the waves I
navigate,
you are my guide on my shoulder;
a mountain pass I negotiate,
you hold my hand and give me balance.

I wander in the maze of twilight;
"The golden beams and the copper sky
are made for poetry," you said,
making a sense of beauty.

In deed, without a twilight here,
how could there be a dawn over yonder?

O' the heart of my heart,
the eye of my eye,
the sense of my sense,
you are my child, Oh my child!

၂၇။ လူမျိုးကြီးဝါဒ

သွေးရင်းသွေးချာ
တိုင်းရင်းသားပါ ဆိုပါမှ
“ဂျူနဲ့လား” တဲ့။

တန်းတူညီတူ
အတူတူဆိုပါမှ
“ချော်ထမ်းလာသလား” တဲ့။

ကြည်ကြည်ဖြူဖြူ ဒို့ပြည်သူ
ပြည်ထောင်စု ထူထောင်ပါတယ်ဆိုမှဖြင့်
“ဗမာစကား ပြောတတ်ပါသလား” တဲ့။

စကားပြော အဆင်မပြေ
ခါးသီးမှုံဝေလေတော့
အပြောခံရပြန်တယ်-
“တောင်ပေါ်သား အရိုင်း” တဲ့လေး။   ။

27. Chauvinism

When said, "I am your next of kin,
related by blood, a native of the land,"
the reply was, "You have horns?"

When said, "I am your equal,
with equal rights,"
the reply was, "Do you come carrying
the jute?"

When said, "We all agree;
we are the people, constituting a Union,"
the reply was, "Do you speak Bama
dialect?"

Talk goes ugly,
bitterness sets in,
then, the comment comes again,
"Hillbilly, the savage!"

၂၈။ ထူးထူးဆန်းဆန်း
(မြို့ကြီးသူနဲ့ တွေ့ဆုံခြင်း)

သကာခဲကို ပျားရည်နဲ့လူး
အပေးထူးပြန်တော့
"အချစ်ရူးတာလား" တဲ့။   ။

လုံချည်ကို စလွယ်သိုင်း
ရွာလယ်မှာ သိုင်းနင်းလေတော့
"ကိုကြီးကျော်လား" တဲ့။   ။

ငါးကြင်းဆီနဲ့၊
ငါးကြင်းကျော်ပါတယ်ဆိုမှ
"ငပိရေဆမ်းမလား" တဲ့။   ။

နွံထူထူမှာ နွားနဲ့ရှဉ်းပါတဲ့
လယ်သမားဆိုပါမှ
"မျှော့ကိုက်ခံရဘူးသလား" တဲ့။   ။

မဖြေလိုတော့ပါ၍
တိတ်တိတ်နေတဲ့အခါမှာတော့
"ရိုင်းလှချည့်လား" တဲ့။   ။

28. Oddity
(A meeting with uptown girl)

When the molasses cake coated with
honey,
was a special gift in a special way,
the rebuttal came "Are you madly in
love?"

When, with longyi
strapped around the shoulder,
perform a step dance
in the village center,
the question came, "Are you Kogyi
Kyaw?"

When, in the buffalo fish oil,
a buffalo fish was fried,
the offer came,
"Would you like some fermented fish
juice?"

"In the thick mud, I plough with oxen,
I am a farmer," such I said;
then, the question came,
"Have you ever been bitten by a leech?"

Not wanting to answer any more
I kept quiet;
then, the comment came,
"Why so rude?"

၂၉။ ကြာလှအောင်

(ကြာလှအောင် မှာ
ရခိုင်တော်လှန်ရေးခေါင်းဆောင်တစ်ဦးလည်းဖြစ်၊
ဒုတိယကမ္ဘာစစ်မှစစ်သားတစ်ဦးလည်းဖြစ်ပါသည်။
ဂျပန်တော်လှန်ရေးတွင် ရခိုင်တပ်၏စစ်ဦးချုပ်
ဖြစ်ပါသည်။ ငါသည်ကားသူ၏မြောက်မြားစွာသော
နောက်လိုက်နောက်ပါများအနက်တစ်ဦးဖြစ်ပါသည်။
ဤကဗျာကားငှင်အားဂုဏ်ပြုကဗျာဖြစ်ပါသည်။ ဦးစွာ
ထိုင်းနိုင်ငံ-ရက္ခိုင်စာပေအသင်း - ရက္ခိုင့်အားမာန်
စာစောင်၌ ၂၀၀၁-၂၀၀၂-ခုတွင် ထုတ်ဝေခဲ့ပါသည်)။

၁။ ဟိမဝန္တာ တောင်ရင်းချ၁မှ
ဆင်းလာဖြတ်သန်း တောင်ဘက်စွန်းတွင်
မိုးပန်းဆင်သည် ပြည်ရှင်ရိုးတောင်
ရိုးမတောင်။

၂။ ရခိုင်တောင်၏ ချိုမြှောင်ချောက်ကြား
ရီပေါက်ကြီးကြီး ရီစီးပြင်းပြင်း
အားတင်းမာန်ဝင် ခရီးထွင်သည်
ငါပင်ရမ်းချောင်း ငါရမ်းချောင်း။ ✿

၃။ ငါ၏ချောင်းဖျား ငါ့ရင်ကြားမှာ
ပျံ့လွှားအောင်လံ အောင်ပန်းပန်၍
အောင်သံအောင်မောင်း
အောင်ကြောင်းလောင်းသည်
သားကောင်းရဲ့ခေါင် ကြာလှအောင်။

✿ မင်းရာမဇာတ်ထုံးအလာ ပေးခဲ့သော အမည်
"ရမ်းချောင်း" ဖြစ်သည်။အမည်ကိုယ်၌ုက
သမိုင်းတခုဖြစ်ပါသည်။

29. Kra Hla Aung

(Kra Hla Aung was a Rakhaing revolutionary leader and WWII veteran. He was the Commander-in-chief of the Rakhaing forces in the fight against the Japanese occupation. I am one of many if his many devoted followers. This poem is an attribute to him. The poem was first published in the Rakhaing Arman Sasaung of Rakhaing Literature Club, Thailand, 2001-2202).

1. The Himalaya makes a turn and runs to the south where it forms the Rakhine Roma Mountain; the Rakhine people honor it as the Lord of the Land.

2. In these Rakhine Mountains, I make my origin and fiercely journey through the gorges and valleys; know that I am Ramchaung, I, Ramchaung*.

3. At the point of my origin, in my fold, hoisting the flag of victory, adorning the flower of victory, the drum of victory was sounded; it was Kra Hla Aung, the brave son of the land, Kra Hla Aung.

*Ramchaung means the River of Ram or Rama. It probably was named as per tradition of King Rama of Ramayana. The name itself is a history.

ကြာလှအောင်

Kra Hla Aung

၄။ အို၊
'ကြာလှအောင်' ပြည်ချစ်မောင်
ပြည်ထောင်ပြည်ဝန်း ရက္ခိုင့်နန်းထီး
လွတ်ပန်းလွတ်သီး လွတ်ပြီးလွတ်ရေး
လွတ်လပ်ရေးကို ပဂေးအားဆောင်
သတ္တိပြောင်သည် ဗိုလ်ကြာလှအောင်
ငါ့ခေါင်းဆောင်။

၅။ ဗိုလ်ကြာလှအောင် ငါ့ခေါင်းဆောင်
တောတောင်ရီမြို ကျောက်ပန်းခြိနှင့်
လီ၀္ဘိုးပန်း မုန်တိုင်းကြမ်းလည်း
မခမ်းမခြောက် အားမာန်တောက်၍
မီးပေါက်မီးပန်း လွတ်မြှောက်ပန်းကို
လက်လှမ်းဆွတ်ချူ၊ အရယူဟု
ရင်ဆူအားပီး အသက်ပီးသည်
လွတ်သီးလွတ်ပန်း ရက္ခိုင့်နန်း။

4. Oh, Kra Hla Aung,
you love the land;
you brave to restore the Land and
the Crown of the Rakhaing;
you dare to fight for freedom,
nothing less than freedom;
radiant with courage, Kra Hla Aung,
you are my leader.

5. My leader, Kra Hla Aung,
these jungles, these mountains,
these rivers, and these lands are rough
with the boulders and rocky flowers;
the thunders and the lightening,
on the path of the stormy wind;
but strong and glorious,
you never wither,
"With the glaring fireworks,
grab the trophy of freedom,"
you call on the people,
with your pounding heart,
for the fruits and flowers of freedom,
you are ready to die;
let there be the Crown of the Rakhaing.

ကြာလှအောင်

Kra Hla Aung

၆။
ဗိုလ်ကြာလှအောင် ငါ့ခေါင်းဆောင်
ရင့်မွှောင်ဓမ္မတာ
ဇာတိဇရာ ဗျာဓိလာ၍
အိုသာအိုမင်း အိုခြင်းနင်းလည်း
သွီးရင်းကိုစစ် မျိုးဆက်သစ်လျှင်
စိတ်သစ်လူသစ် အားမာန်သစ်ဖြင့်
စစ်တိုက်စစ်ယှူ ပြည်သစ်ထူမည်
ငါယုံကြည်သည်
ငါ့ပြည်ငါ့နှလုံး ရက္ခိုင်ထုံး။✿

၇။ ရခိုင်တောင်၏ ချိုမြောင်ချောက်ကြား
ရှိပေါက်ကြီးကြီး ရှိစီးပြင်းပြင်း
အားတင်းမာန်ဝင် ခရီးထွင်သည်
ငါပင်ရမ်းချောင်း ငါရမ်းချောင်း။

✿ယနေ့တွင် ရက္ခိုင့်တပ်တော်နှင့်ယင်း၏ရက္ခိတလမ်း
ပေါ်ပေါက်တည်ရှိနေသည်ကို နှလုံးမူပါ။

6. Bo Kra Hla Aung, my leader,
day and night are the laws of the nature;
birth and age dictate death;
you walk along the path of the nature;
when the blood runs through the ages
there will come the new generations;
with fresh resolution, with fresh bodies,
with fresh courage, they will fight;
they will make a new Land;
such is my belief because, it is the way
of my Land and my Heart;
it is the Rakhaing way.*

7. Through the gorges and valleys
of the Rakhaing Mountains;
with force and strength,
determined and resolute,
I make my journey;
know that I am Ramchaung,
I, Ramchaung.

*Please note that we, today, have the Arakan
Army and its Way of Rakhita.

၃၀။ ကျိန်းလပြည့်ည

ဝင်းဝင်းပပ လပြည့်ညများတွင်
ရှိုးလှုသန္တာ ရန့်ဖြာသော
မှုံပြာဝေလျှမ်း ကျိန်းတောင်တန်း၏
နတ်ပန်းချီ အလှမ်းမမှီသော အလှများ။ ။

30. Kyein Full Moon Night

In the golden bright full moon nights,
when the air is filled
with the sweet fragrance of
*Rohlathanda,**
with the mist shining over the mountain,
the beauty of the Kyein Hills
is beyond the imagination of
a heavenly *devata.*

* Rohlathanda is *Nyctanthes arbor-tristis*, night-
flowering jasmine.

၃၁။ ကြောင်သူတော်လား မျိုးချစ်လား?

ငါ့တိုင်းပြည် ကို ငါချစ်တယ်၊
ငါ့ယဉ်ကျေးမှု ကို ငါချစ်တယ်၊
ငါ့စကား ကို ငါချစ်တယ်၊
ငါ့ဘာသာကို ငါ ချစ်တယ်၊
ငါ့တိုင်းပြည်ကို ငါ အမြဲသွားလည်တယ်၊
ငါနေတာကတော့ အမေရိကန်နိုင်ငံမှာဖြစ်တယ်၊
ငါအလုပ်လုပ်တာက အမေရိကန်နိုင်ငံမှာဖြစ်တယ်၊
ငါဟာ အမေရိကန်တက္ကသိုလ်ကဘွဲ့ရ
တစ်ဦးဖြစ်တယ်၊
ငါဟာ အမေရိကန်နိုင်ငံသားဖြစ်တယ်၊ ။

ငါ့တိုင်းပြည်ကို အမေရိကန်ပြည်လို
တိုးတက်စေချင်တာက
ငါ့ရဲ့စေတနာအမှန်ဖြစ်တယ်၊
ငါ့တိုင်းပြည် ကို ငါချစ်တယ်။ ။

31. Hypocrite or patriot?

I love my country, I love my culture,
I love my language, I love my religion,
I always go and visit my country,
I live in the United States of America,
I work in the United States of America,
I am a graduate of a university of
America, I am a citizen of America.

I want to see
my country developed like America;
my wish is true and genuine;
I love my country.

၃၂။ ခွေးသေးပန်း

ငါ့ကိုယ်ငါ
ခွေးသေးပန်းရယ်လို့ ထင်စားမိတယ်၊   ။

ခွေးသေးပန်းဆိုတာကတော့
လမ်းနံဘေးမှာ ကွင်းပြင်ရှိုင်းတွေမှာ
ပွင့်ကြတဲ့ပန်းကလေးတွေဖြစ်တယ်
နွေဦးမှာ အထူးပွင့်ကြတယ်၊   ။

အဖြူလေးတွေ အပြာလေးတွေ
ခရမ်းရောင်လေးတွေ အဝါလေးတွေ
စသည်စသည်ဖြင့် လှပါပေတယ်
ယဉ်ပါပေတယ် တင့်ပါပေတယ်
ချစ်စရာကောင်းလှပါပေတယ်၊   ။

မြေမှာတွား မြေမှာတွယ်ပြီးပွင့်လေတော့
ဟိုပြေးဒီပြေး ဆော့ကစားကြတဲ့
ခွေးတွေရဲ့သေးပန်းတာခံရတယ်၊
ဒါကြောင့်မို့ လူတွေက
ခွေးသေးပန်းလို့ခေါ်ကြတယ်၊   ။

32. Dog Urine Flower

I opine that
I am a dog urine flower.

Dog urine flowers are those
bloom and blossom at the roadside
and in the wild vacant fields,
especially they flourish in the spring.

White, blue, violet, yellow,
et cetera and et cetera,
beautiful, pretty, graceful,
and very lovely.

They crawl on the earth,
they cling to the earth,
and they bloom on the earth;
the dogs that run about
and play around urinate on them;
that is why,
the people call them dog urine flower.

ခွေးသေးပန်း

မစဉ်းစား မဆင်ခြင် မကြင်နာတဲ့
ခွေးတေလေတွေလို့များ အပြစ်တင်ရမလား
လူတေလေတွေလို့ဘဲ အပြစ်တင်ရလေမလား၊ ။

ဒီပန်းကလေးတွေကတော့
ခွေးဘဲသေးပန်းပန်း လူဘဲသေးပန်းပန်း
နွားဘဲသေးပန်းပန်း မမှုကြဘူး၊
ပွင့်မြဲပွင့်ကြတယ် လန်းမြဲလန်းကြတယ်၊ ။

မွှေးသလား ကြိုင်သလားတော့
ငါမပြောတတ်ဘူး၊
လိပ်ပြာလေးတွေ ပျားပိတုန်းတွေကတော့
တဝဲဝဲနဲ့ ခိုနားကြတာတွေ့ရတယ်
လောကကြီးကို အလှဆင်ပါပေတယ်၊ ။

ငါလဲဘဲ ဒီလိုများ
ခွေးသေးပန်းလေလားလို့ စဉ်းစားမိတယ်၊
ဘာကြောင့်ဆို -
ငါလဲ့ဘဲ လူဆိုပေမဲ့
ခွေးသေးပန်းတာလဲ့ ခံရဘူးတယ်
လူသေးပန်းတာလဲ့ ခံရဘူးတယ်
နွားသေးပန်းတာလဲ့ ခံရဘူးတယ်
ဒီလိုဘဲ တင်စားပြီးပြောရမှာဖြစ်တယ်၊ ။

Dog Urine Flower

Shall I just put the blame
on the thoughtless, unreasonable,
and unkind bad dogs and bad people?

Nevertheless,
these little flowers are amazing,
whether it is a dog, a human, or a cow,
that urinates on them, they just don't bother,
they keep flowering and blooming.

Do they emit sweet fragrance?
I can't say;
but butterflies and bees hover above them and visit them;
it is a state of beautifying the world.

"Am I, as well, a dog urine flower?"
The thought strikes my mind because,
though a human,
I have been urinated upon
by the dogs, humans, and cows;
so to speak figuratively.

ခွေးသေးပန်း

Dog Urine Flower

ဘာကြောင့်ဆို - မောက်ကြွားလှတဲ့
လူ့အလွှာမှာ ငါသည်ကား
အောက်ခြေသိမ်း အောက်ခြေစိုက်
မြေမှာတွား မြေမှာတွယ်တဲ့
အညတြ တယောက်သာဖြစ်တယ်၊   ။

ဒါပေမဲ့လဲ - ငါ့ဘဝနဲ့ငါ
ငါ့ဝန်တာကို ငါကြေပါတယ်၊   ။

ပန်းကလေးတွေလို မဝင့်နိုင်ပါသော်လည်း
ပန်းကလေးတွေလိုပဲ
နေကိုမကွယ် လေကိုမကွယ်
မိုးကိုလဲ့မကွယ်တဲ့ ငါခရီးဆက်ခဲ့ပါတယ်၊
လူမှုအဖွဲ့အစည်းတခုမှာ
ငါကျရာနေရာက ဝန်ထမ်းခဲ့ပါတယ်၊
လောကကြီးကို ငါလဲ့ဘဲ အလှဆင်ခဲ့ပါတယ်၊   ။

ငါ့ကို ခွေးသေးပန်းလို့ဘဲ
ခေါ်လိုက ခေါ်နိုင်ပါတယ်။   ။

The reason is that,
in the stratified society of
pride and prejudice,
I exist at the bottom, at the ground,
crawling on the earth and
clinging to the earth;
I am an ordinary person in all aspects.

Nonetheless, I live my life;
I perform my duty,
to meet the demanding satisfaction.

I am unable to bloom like the little
flowers;
however, just like the little flowers,
I do not run away from the heat,
I do not hide from the wind,
I do not avoid the rain,
I carry on my journey unperturbed;
in the society, I shoulder whatsoever
falls on me;
I as well beautify the world.

If you wish you may call me
dog urine flower.

၃၃။ ဘရန်းဂင်းမန် ခိုင်သာအောင်

၁။ တပ်မှာဆိုကေ ရဲဘော်ကြီး
ငါကခေါ်ကေ ကိုးဂိုကြီး
ရဲဘော်ကြီးလေ ခိုင်သာအောင်လေ
ကိုးဂိုကြီးလေ ခိုင်သာအောင်လေ။

၂။ ဘရန်းဂင်းကိုထမ်း တောကြမ်းတောင်ကြမ်း
ရှာတတန်းမှာ အကြမ်းပတမ်း
စစ်ပန်းစစ်သီး စစ်ဆင်ပြီးကေ
လွတ်သီးလွတ်ပွင့် အားမာန်ဝင်ရေ
ရဲဘော်ကြီးလေ သာစွလေ
ခိုင်သာအောင်လေ သာစွလေ။

၃။ လှပလှလှ အားမာန်ထလို့
ဗလအားပြိုင် ကျားပိုင်ဆင်ပိုင်
ဘရန်းကိုင်လို့ စစ်ပြိုင်စစ်ချီ
သူတိုက်လီကေ
ရက္ခိုင်သားလေ သာစွလေ
ခိုင်သာအောင်လေ သာစွလေ။

33. Bren Gun Man Khaing Tha Aung

1. In the Army he was the Big Soldier,
but I called him Big Brother;
the Big Soldier was Khaing Tha Aung;
my Big Brother was Khaing Tha Aung.

2. With a Bren Gun in his hands
he marched in the rough jungles,
he climbed the rough mountains,
he paraded passing village after village;
he cultured the Fruits of Freedom,
he nurtured the Flowers of Liberation,
great was he Big Soldier,
great was he, Khaing Tha Aung.

3. Strong and handsome was he,
dynamic and resolute was he;
with Bren Gun in his hand,
he faced the battle, he fought the battle;
great was the Rakhaing son,
great was he, Khaing Tha Aung.

ဘရန်းဂင်းမန် ခိုင်သာအောင်

Bren Gun Man Khaing Tha Aung

၄။ သန္တာကမ်းခြီ ကျောက်ပန်းစီရေ
တောင်လီမြောက်လီ မိုးပန်းဝီရေ
ရီမြီတောတန်း ပွင့်ဆန်းမာလာ
ရောင်နီဖြာကေ
ဂိုးဂိုကြီးလေ သာစွလေ
ခိုင်သာအောင်လေ သာစွလေ
သာလီစွလေ သာစွလေ။   ။

(ရဲဘော်ကြီးခိုင်သာအောင်နှင့်ရမ်းချောင်းရဲဘော်အားလုံး၊
ရက္ခိုင်ပြည်တဝှမ်းမှ တော်လှန်ရေးစစ်သားအားလုံးကို
ဤကဗျာဖြင့် အောက်မေ့ဂုဏ်ပြုပါ၏။ ရွှေလူမောင် ၂၀၀၄)။

ရဲဘော်ကြီး ခိုင်သာအောင် သည်ကား ဒုတိယကမ္ဘာစစ် နှင့်
ဂျပန်တော်လှန်ရေးစစ် မှ ရဲဘော်တစ်ဦးဖြစ်ပါသည်။
ဗိုလ်ကြာလှအောင်၏ လက်စွဲတော်ဘရန်းဂင်းမန် ဖြစ်ပါ၏။
၁၉၆၆-၆၇-ခုများတွင် ရမ်းချောင်းတပ်တွင် တာဝန်ထမ်းခဲ့စဉ်က ငါ့အား
ညီရင်းသဘွယ်ကြည့်ရှုစောင့်ရှောက်လိုက်ကြသောရဲဘော်များအနက်မှ
အထင်ကရ ပုဂ္ဂိုလ်တစ်ဦးဖြစ်ပါသည်။

4. Ours is a coastal strip of the Corals,
ours is a land of the Flowers of Rock;
there are times the South Winds rush on,
there are times the North Winds whistle
away;
there are times the Rains dance wild and
crazy,
there are times the flowers adorn the
water, the land, and the mountains;
see! Great was Khaing Tha Aung;
he was The Great, simply great.

(With this poem, I remember Big Soldier Khaing
Tha Aung, all the Ramchaung Comrades, and all
soldiers of Rakhaing Revolution.   Shwe Lu
Maung, 2004).
Big Soldier or Senior Soldier Khaing Tha Aung
was a veteran of the WWII and the Japanese
Revolution. He was a right-hand man of Bo Kra
Hla Aung. When I was stationed at the
Ramchaung base in 1966-67, all comrades
looked after me as though I was their own little
brother. Especially, Big Brother Khaing Tha
Aung took care of my security.

၃၄။ ကြောက်ရပါတဲ့ဒီတိုင်းပြည်

ခက်ပါတယ် ဒီပြည်မှာနေရတာက
ကြွက်ကိုလဲ့ကြောက်ရ ကြောင်ကိုလဲ့ကြောက်ရ
ကြောက်ရခြင်းရယ်အဖြာဖြာ
အိပ်ရာဝင်ရင် အိပ်မက်ကိုလဲ့
ကြောက်ရသေးတယ်။

အိုကွယ် –
သွှင်နေမင်းရယ် ဂေါယာကျွန်းကို
မယွှန်းပါနှင့်လေး။　　။

34. Fear-ridden country

So difficult is this country to live in;
I have to be afraid of the rat;
I have to be afraid of the cat;
many varieties out there to be afraid of;
even when I go to bed
I have to be afraid of the dream.

O' goodness me,
dear Sun God, please don't you go
to the western ward.

၃၅။ ငါဟာ ပညာရှိသုခမိန်ဖြစ်တယ်

သဲကန္တာရ ဆိုတာဟာ
ပူပြင်းတဲ့ သဲမြေကမ္ဘာဖြစ်တယ်၊
သမုဒ္ဒရာ ဆိုတာဟာ
ကျယ်ပြန့်တဲ့ ရေသားပြင်ဖြစ်တယ်၊
ဟိမဝန္တာ ဆိုတာဟာ
မြင့်မားတဲ့ တောင်တန်းကြီးဖြစ်တယ်၊
ဒါတွေအားလုံး ငါသိတယ်၊　　။

မြန်မာပြည် ဆိုတာဟာ
စစ်ရူးတွေ မြူးတဲ့နိုင်ငံဖြစ်တယ်၊
ဒါကိုလဲ့ ငါသိနေပြန်တယ်၊　　။

ငါဟာ ပညာရှိသုခမိန်တစ်ဦးဖြစ်တယ်။　　။

35. I am a learned wise man

Desert is a hot world of sand.
Ocean is a wide mass of water.
Himalaya is a high mountain ridge.
I know all these.

Myanmar is country
where the warmongers thrive euphoric.
This, also, I know.

I am a learned wise man.

၃၆။ တဖန် စွမ်းအား ပြပါလေ့ဝ့

လွတ်မြောက်ရေး ဆို ပြီးကေ
သီချင်းသီ ကြိုချင်ကြို
အရိုးရာတွန်လီဖို့ ဆို ပြီးကေ
သူတိုက်လီရေ။

လွတ်ငြိမ်းရေး ဆို ပြီးကေ
သီချင်းသီ ကြိုချင်ကြို
အရိုးရာတွန်လီဖို့ ဆို ပြီးကေ
သူတိုက်လီရေ။

ယင်းသို့တိုက်သူ အို - ပြည်သူ
အသင်သည်ပင်လျှင် ငါ့ အသျှင်၊
အသင်သည်ပင်လျှင် ငါ့ သခင်။

အသျှင် ၏ တွန်သောအရိုးကို
ငါ့ရင်မှာပိုးပြီးကေ အသျှင့်အကျိုးကိုထမ်း
အသျှင်လျှောက်သောလမ်းကို ငါလျှောက်ခီရေ။

လျှောက်တေလမ်းကြောင်း
ခရောင်းတောပါဂါ- အို့အသျှင်။
ဖေါက်တေလမ်းကြောင်း
သွီးချောင်းကြောပါဂါ - အို့သခင်။

ပြည်သူတကာ စားစရာမရှိ
ဝတ်စရာမရှိ နိန် စရာမရှိ
အိမ်ယာမရှိ လယ်မရှိ
အတိဒုက္ခ မျက်ရည်တစက်စက်နန့်ပါဂါ။

36. Once more, show your prowess

Cherishing the freedom in the thoughts,
may death be there, may dust be there,
let the bones crow,
he fights.

Cherishing the liberation in the thoughts
may death be there, may dust be there,
let the bones crow,
he fights.

Oh, the people, the fighter:
you are my teacher,
you are my master.

Your bones that crow
I embrace in my chest,
I enter into your service,
I walk on the path you walked.

The path in the walk is the barren land,
O' teacher.
The path in the quest is a blood river,
O' master.

The peoples with no food to eat,
no clothes to wear,
no house to live,
to land to farm,
filled with suffering,
tears drip drop by drop.

တဖန် စွမ်းအား ပြပါလော့

Once more, show your prowess

အသျှင် ၏ တွန်သောအရိုးကို
င့်ရင်မှာပိုး ပြီးကေ
အသျှင့် အကျိုးကိုထမ်း
အသျှင် လျှောက်သောလမ်းအတိုင်း
စိတ်ပိုင်းပိုင်းချ အားမာန်ထလို့
ငါပင်လျှင်လည်း
သီချင်းသီ ကြိုချင်ကြို
အရိုးရာတွန်လီဖို့ ဆိုပြီးကေ ငါတိုက်လီရေ။

သို့သော်- သို့လည်း သို့သော်
ငါသည်သော်ကား
အားလည်းမသန် ကံလည်းမရှိ
နတ္ထိပါရမီ ဘုန်းမမှီ၍
သီလည်းမသီ ကြိုလည်းမကြို
ငါရှုံးလီရေ မဟီတုန်လို့. ညှိုးလီရေ။

အရှုံး ကို လက်မခံ
ခရီးကိုဆက် ကျွလမ်းမတွင်
ဘုန်းသမ္ဘာသျှင် ငါ့ သခင် သည်သာလျှင်
လွတ်ရာလွတ်ကြောင်း
လွတ်ငြိမ်းကြောင်းကို
အောင်မောင်းအောင်သံ အရိုးတွန်ကာ
အကျွန် ငါ့အား ပြပါလော့
တဖန်စွမ်းအား ပြပါလော့။။

ငါလျှင်ကား
အားမာန်မချော့ နိုး ကြွ ကြွ တည်း။။

Your bones that crow
I embrace in my chest,
I enter into your service,
I walk on the path you walked,
resolute and motivated,
I avail myself,
may death be there, may dust be there,
let the bones crow,
I fight.

But, but, but,
O' mine,
no strength, no luck,
no blessing, no benediction,
no death, no ash,
defeat befalls on me;
the earth trembles in misery.

Defeat is not accepted,
continued is the journey, so is the path;
the blessed one - you, my master,
such is the path of freedom,
such is the path of liberation,
with the gongs of victory,
with the crows of the bones,
please show me, to this disciple of yours,
once more, show your prowess.

I remain
no less motivated,
but alert and awake.

၃၇။ ရွှေနှင့်မြေ

မြေကမ္ဘာမှာ
ရွှေရှာဖွေတွေ့လေတော့
သူဌေးတွေ မှိုလိုပေါက်ကြတယ်၊   ။

ရွှေကမ္ဘာမှာ
မြေရှာကာမတွေ့လေတော့
လူ့အဖြစ်ရှုံးရလေတယ်။   ။

37. Gold and Earth

On the planet Earth,
gold was searched and found;
rich people mushroom around.

On the planet Gold,
earth was searched but not found;
humanity withers around.

၃၈။ ထမင်း နှင့် စစ်

ထမင်းငတ်တော့
စစ်ဖြစ်ကြတယ်၊   ။

စစ်ဖြစ်တော့
ပိုပြီးထမင်းငတ်ကြတယ်၊   ။

ပိုပြီးငတ်ကြတော့
လူသားစားဘဝကိုရောက်ကြတယ်၊   ။

38. Hunger and war

Hungry are the people;
the hunger leads to a war.

The war makes more people hungry.

More hunger leads to cannibalism.

၃၉။ ကြယ်လင်းတဲ့ည

အခြေအနေ မရေမရာ မသေချာတာမို့
နေ့တွေမှာ တွင်းအောင်းပြီး
ညမှာဘဲ ငါအပြင်ထွက်တော့တယ်၊ ။

မိုးမှောင်တဲ့ညတွေတော့
မိုးမှောင်တဲ့နေ့တွေထက် ပိုမထူးပါဘူး၊ ။

လသာတဲ့နေ့ရယ်လို့ မရှိသလို
နေသာတဲ့ညရယ်လို့ မရှိပါဘူး၊ ။

သို့သော်လည်း
လသာတဲ့ညဟာ
နေသာတဲ့နေ့တွေထက် ပိုလှတယ်၊
ကြည်လင်တယ်၊ အေးမြတယ်၊
သာတောင်းသာယာရှိတယ်၊
ရှုတိုင်းတင့်ပါပေတယ်၊ ။

သို့သည့်တိုင်
နေမဲ့လမဲ့ ကြယ်ရောင်လဲ့တဲ့ ညတွေကို
ငါ အကြိုက်ဆုံးဖြစ်တယ်၊ ။

ဘာကြောင့်ဆိုတော့
စကြာဝဠာတခွင်လုံး
ကြယ်ကလေးတွေဖုံးပြီးတော့
အလင်းဆောင်တဲ့အခါမှာ-
နေမင်းလင်းတဲ့နေ့တွေမှာ မမြင်သာသော
လမင်းလင်းတဲ့ညတွေမှာ မမြင်သာသော
အစရယ်လို့မရှိ အဆုံးရယ်လို့မရှိဘဲ
ကြယ်ရောင်အလင်းတွေသာ
ပြေးလွှားနေတဲ့ ဟိုအဝေးတနေရာမှာ
ဘဝရဲ့အဓိပ္ပါယ်ကို ငါတွေ့ရတယ်။ ။

39. Starlit night

Things are uncertain and unsure,
so, I hibernate in the day
just to come out at night.

The cloudy and dark nights are
no different from the dark and cloudy
days.

There is no such a thing of moonlit day;
so is no such a thing of sunshine night.

However,
the moonlit night is more beautiful
than the sunshine day;
because it is clearer, more peaceful,
has a quality of being tranquil;
it looks pretty in all directions.

Let it be so, but
sunless and moonless starry nights
are the most I like.

Why?
When the entire universe is
dotted only with the stars,
and brightened up with the starlight,
revealing what the sunshine day cannot
and what the moonlit night fails;
there, neither finite nor infinite prevails,
only the starlight runs endless;
far away in such a place,
I find what life may mean.

၄၀။ ခရေကုံး✡

"ဝယ်ပါယူပါ ခရေတကုံး
မွှေးတယ်ကြိုင်တယ် ခရေကုံး
တစ်ကုံးတမတ် ငါးကုံးတစ်ကျပ်။"

အသံစာစာ တေးမင်္ဂလာသို့
ကြားပါရငြား ငါစဉ်းစားသည်
ကားကြီးကားငယ် အသွယ်သွယ်ကြား
ပန်းရောင်းစားရပါသော သူငယ်မ
အရွယ်အားဖြင့် ၆-၇-၈၊ ။

သူ့ကိုကြည့်ကာ ငါစဉ်းစားပါသည်
ဘာစဉ်းစားမှန်း ငါမသိ။ ။

40. Khayey garland [1]

"Buy, please buy a khayey* garland;
sweet and fragrant khayey garland;
one garland a quarter, five garlands one kyat."

Soft and innocent voice
sounds a song of gracefulness;
among the big and small cars,
selling the flowers for her living,
a small girl, may be 6,7, or 8.

Looking at her, I ponder.
What I ponder? I don't know.

✡၁၉၆၀-ခုမှ မှတ်စုတခု ကို အခြေပြုသည်။

1. Reflection of a note from 1960.

*Spanish cherry (*Mimusops elengi*)

၄၁။ နတ်သားတစ်ဦး၏မှတ်တမ်း

ကျည်ဆံတွေပျံ ဝေဟင်ယံ
ဆူညံပါဘိလေး၊ ။

အမြောက်တွေ အကြိမ်ကြိမ်ပေါက်တယ်
ကွယ်- ငါနတ်ပြည် ရောက်ရတယ်လေး။ ။

41. A dairy of nat- devata

The bullets fly in the sky,
noisy like a fly.

The canons explode again and again,
I arrive at the Natpyi* for certain.

* Buddhist Heaven

၄၂။ ပြိုင်ပွဲ
(ကွင်းဆက်ကဗျာ)

၁။ စိုးမိုးသာလွန်သူ့ကို ထိပ်သီးဆိုရပေမည်၊
ထိပ်သီးသည်ကား ပြိုင်ပွဲဝင်ရန်အသင့်၊
ပြိုင်ဆိုင်ပွဲကို ကျင်းပရန် သတ်မှတ်သောနေရာ၊
ယင်းနေရာသည်ခရီးတထောက်အကွာတွင်
ရှိပါသည်- အိုခရီးသည်။

၂။ ကျော်ကာဖြတ်ကာ တောင်ကုန်းတကာကို၊
တောင်ကုန်း လူးကာလိမ့်ကာ မြေပြန့်မှာ၊
မြေပြန့်အလယ် ဝေ့လည်ကစား သည် ချောင်းများ၊
ချောင်းများဆုံစည်း မြစ်မကြီး။

၃။ ရွက်ကိုဖွင့်ကာ စုန်ပါဆင်းပါ မြစ်ပြင်မှာ၊
မြစ်ပြင်ဆုံးရာ သမုဒ္ဒရာ၊
သမုဒ္ဒရာတဆုံး မျိုးကြုံးပြုံးပြုံး ရေလှိုင်းလုံး၊
လှိုင်းများမွေ့ရာ သဲသောင်ကန္တာ၊
သဲသောင်တခွင် ပြန့်ကြဲစင်းငုတ်
ကျောက်ကြွင်းရုပ်များ။

42. The race
(a loop poetry)

1. The supremacy of ace
ace is ready for the race
race is set in a place
place is in the yonder, wayfarer.

2. Beyond the hills
hills roll over the plains
plains crawl along the streams
streams huddle with the rivers.

3. Sail down the rivers
rivers blend the oceans
oceans fiddle with the waves
waves embrace the sandy terrace
sandy terrace is a field
of the scattered fossils.

ပြိုင်ပွဲ

The race

၄။ ခြေရာကောက်ကာ စုံထောက်ပါလော့
ကျောက်ကြွင်းရုပ်ကို၊
ကျောက်ကြွင်းရုပ်ဒဏ္ဍာရီ မှုန်ချယ်သည်ကား
ငါတို့၏ ဘိုးဘွားများ၊
ငါတို့၏ ဘိုးဘွားများသည်
ကိုယ်တုံးလုံး ကမ္ဘာလှည့်သူများ၊
ကမ္ဘာလှည့်သူများ ပိတ်ဆို့ခံရာ
မိုးမျှော်တိုက်အိမ်ကြီးများ။

4. Trek the trail of broken fossils
fossils are the tales of the forebears
forebears are the naked wanderers
wanderers are caught in the skyscrapers.

၅။ ကြို့ဆိုပါ၏ ခေတ်သစ်ကာလကို၊
ကာလဟူသည်ကား တိုင်းဆ၍မရသောသက်တန်း၊
သက်တန်းမည်သည်မှာ
အတိုင်းအတာတခုသောဘဝတည်း၊
ဘဝဟူသည်ကား ပြိုင်ပွဲတခုသာတည်း-
အို ခရီးသည်။

5. Welcome to the modern era
era goes beyond the age
age is a spin of life
life is where the race is, wayfarer.

၆။ မြင်ပါလော့ ရှုပါလော့ အသင်ကိုယ်တိုင်၊
အသင်သည်ပင်လျှင် ပြိုင်ဆိုင်သူ တစ်ဦးပါ၊
ပြိုင်ဆိုင်သူသည်ကား ထိပ်သီးဖြစ်ရပါမည်၊
ထိပ်သီးဟူသည် မရှုံးစေရ ပြိုင်ပွဲတွင်။ ။

6. See it for yourself
yourself may be the racer
racer must be an ace
ace cannot fail in the race.

(ရွှေလူမောင် ၂၀၁၇-ခု)

Shwe Lu Maung (2017)

၄၃။ သဟာမိတ်မွန်

နေ့စဉ်နေ့တိုင်း မဆိုင်းသာ မဆုတ်သာ
မနက်လင်းလာတော့ အားမာန်တင်းကာ
ငါထ ပါတယ် သျှင်နေမင်း၊	॥

အို့ သျှင်နေမင်း၊
တနေ့တာဒီခရီး သင့်အတွက်နီးလှုပေမဲ့လည်း
ငါ့အတွက်မှာတော့ ကမ္ဘာ့ဤမြေ အစမှအဆုံး
အရှေ့မှအနောက် ခရီးတာရှည်လွန်းလှပါတယ်၊	॥

သို့သည်သို့တိုင်
ရှည်လွန်းတဲ့ဒီခရီး သည်ခရီးလမ်းမှာ
ငါ့ခြေတလှမ်း လှမ်းကာလှမ်းတိုင်း
သင်လည်းတလှမ်း နှိုင်းကာလှမ်းသည်မို့
အပန်းပြေစရာ ဖြစ်ရပါသည်
သဟာမိတ်မွန် မင်းမြတ်မွန်॥	॥

43. A good friend

Each day, everyday,
cannot delay, cannot avoid,
when Thou breaks the morning,
with strength and effort,
I get up, O' Sun God.

O' Sun God,
one day journey, for Thee
 is too short,
but for me, it is to the end of the earth,
from east to west, too long is the
journey.

However, yes, however,
on this journey, on the long journey,
whenever I make a step, step after step,
Thou also make a step,
just to keep up with my pace;
comforting it is; soothing it is.

Thou art my good friend, O' Noble
Friend.

၄၄။ မာဃသျှင်သို့ပန်ကြားချက်

မာဃသျှင် ထက်ကောင်းကင် ဝေဟင်ယံက
လူ့ကမ္ဘာကို စောင့်ရှောက်ပါတဲ့ ဖိုးနတ်သျှင်၊
တရားနဲ့ ဆင်ခြင်စေချင်၊ ။

နွေတကြောမှာ ရွက်ဝါတွေဝဲကာပျံလေတော့
လွမ်းလိုက်ပါတဲ့ မာဃသျှင်
ကျမျက်ရည်တသွင်သွင်၊ ။

မြန်မာပြည်တကြောမှာ
ကျည်ဆံတွေဝဲကာပျံလေတော့
ကြောက်လိုက်ပါတဲ့ မာဃသျှင်
ကြွက်မင်းအသွင် ကိုယ်ပင်ပြောင်းလို့
တွင်းအောင်းမယ်ပြင်
ဆင်ခြင်တော်မူပါအုံး ဖိုးနတ်သျှင်။ ။

44. A plea to the King Magha of Heaven

King Magha, high above from Heaven,
you look after this human world;
you ought to moderate with the Laws.

In the days of long summer,
when the yellow leaves fly and float
Lord Magha is so touched that
tears flow down like a stream.

In the long stretches of Myanmar,
when the bullets fly and float
Lord Magha is so frightened that
he plans to take the form of a rat,
with a thought of dwelling
in an underground hole.

Please reconsider it, O' Lord of Heaven!

၄၅။ ဖိုးသိကြားအတွက် ငါ့ကွန်ပျူတာ

နေ့စဉ်နေ့တိုင်း ရောင်နီဆိုင်းလို့
ရွှေလှိုင်းတွေ တအိအိထိလာတော့
မလွှဲသာ မရှောင်သာ
တနေ့တာခရီး တဖန် စပြန်ပြီမို့
"ထပါတော့လို့" ခေါင်းကိုမော့ ရင်ကိုကော့
ကိုယ်ဟန် တကြော့ကြော့နဲ့ မပေါ့သာ မလျှော့သာ
အားမာန်တင်းရပါတယ် ဖိုးသိကြား၊   ॥

ဒီလိုဘဲ တနေ့တာ တနေ့တာနဲ့
ငါ နှစ်ပေါင်း-၈၀၊ လပေါင်း-၉၆၀၊
ရက်ပေါင်းကတော့ ၂-သောင်း
၉-ထောင် ၂-ရာ ရှိခဲ့ပါပြီ၊
နာရီတွေ စက္ကန့်တွေကိုတော့ အပျင်းပြေစရာ
ဖိုးသိကြားသာ တွက်ပါလေတော့၊   ॥

45. My computer for Heavenly King

Each day, every day, as the dawn red
light,
with the gentle ripples of golden waves,
comes and touch me softly and softly,
I cannot escape, I cannot hide,
a-day cyclic journey starts again;
so, I told myself, "Please get up,"
while I put much effort to raise my head,
lift my chest, make myself look good,
I do not neglect, I do not relax,
I gather strength and energy, O'
Heavenly King.

In this way, one day and one day,
I have counted 80 years,
that is 960 months,
in terms of day, 29 thousand 2 hundred;
how many hours and
how many seconds!?
O' Heavenly King, in your leisure time,
you may work it out.

ဖိုးသိကြားအတွက် ငါ့ကွန်ပျူတာ

My computer for Heavenly King

ဖင်နာခေါင်းနာ ဟိုကနာ ဒီကနာနဲ့,
နာပေါင်းရယ်တကာ ဝေဒနာ
ဒီခန္ဓာ မသေနိုင်သေးတာမို့
"ငါသေရပါစေ အို- ဘုရားရယ်" ဆိုပြီး
အိပ်ရာဝင် အိပ်ရာထ ဆုတောင်းပေမဲ့လည်း
တောင်းဆုမပြည့်တာမို့
ဝိပါကဝဋ် မလွတ်သေး လို့ဘဲ ခံယူရပါတယ်၊   ။

Pain in the butt, pain in the head,
pain here and pain there,
pains are compounded everywhere,
this body is a sufferer, as no death comes;
So, "O God, please let me die,"
I pray day out, day in, but no avail;
May be my time of sentence is yet to complete.

ဒီနေ့နက်ဖန်ဆိုသလို
ဒီဝဋ္ဋ်ကလွတ်ရင် ကျွတ်ရင်ဖြင့်၊
လူ့မှာတရာ နတ်မှာတရက်
ဖိုးသိကြားတို့ နတ်ပြည်မှာ
ငါ့အတွက် တစ်နေရာလေး ရာထားပေးပါလို့
ပန်ကြားပါတယ် တောင်းပန်ပါတယ်
ငါ့ကွန်ပျူတာ ဂိမ်းပလေးယာ
အသင့်ကိုပေးပါ့မယ် ဖိုးသိကြား။   ။

Today or tomorrow,
my time may be done;
100 days in human world
makes one in the heavenly world,
in such a world of your heaven,
dear Heavenly King,
please reserve a small place for me;
I pray you and I plead you,
I'll bring my computer the gamer,
just for you, O Heavenly King.

၄၆။ ကျိန်းတာဝတိသာ

တာဝတိသာ နတ်ပြည်ပမာ
ကျိန်းသာယာပါ ငါမွီးဖွားရာ
ယင်းနေရာမှာ ငါချက်ကြွီရာ
ငါ့ဇာတိပါ။။

မြူခိုးလွင်လွင် ရွှင်ရွှင်လန်းလန်း
ကျိန်းတောင်တန်းမှာ ခြီလှမ်းခြီရာ
ငယ်ခါဘဝ ငါကြီးပြင်းရာ
ဌာနမှုန်ပါ ကျိန်းသာယာ။။

ရစ်ရစ်ခွေခွေ ရာမောင်ရေပြင်
ထွေထွေလွှင်လွှင် အလှုဆင်လျက်
တခွင်ဇမ္ဗူ ဘူမိနက်သန်
ဘဝမှုန်သော ယာတောလယ်မြေ
မြစ်ချောင်း ခွေ၍
ငယ်ခါငယ်ရွယ် ကျင်လည်ခရာ
ကျိန်းသာယာ။။

ယင်းကျိန်းသာယာ တာဝတိသာကို
တစ်ခါတစ်ခေါက် ပြန်ရောက်နိုးနိုး
ငါမွှော်ကိုးလွှင် စိုးမိုးစိတ်တွင်
လွမ်းရိပ်မွှင်။။

တာဝတိသာ နတ်ပြည်ပမာ
အို - ကျိန်းသာယာပါ ငါမွီးခရေဒေသပါ။။   ။။

46. Kyein Tarwadintha*

Like *Tarwadintha*,
heaven of *nat-devata*,
the Kyein Land, lovely and grand,
my birthplace where my umbilical falls,
my native land.

In the heavenly cloak of white mist
happy Kyein Hills, just always be happy,
my steps, my footprints,
my childhood, the place I grow up,
there my life starts,
Kyein Land, the beautiful.

Winding and serpentine,
Ramong, the mass of water,
running steady, in continuity,
in all vicinity, the good earth,
the good river, the life-giver,
paddy fields and mountain gardens,
in my youth, in my childhood,
there I go about, the beautiful Kyein
Land.

My beautiful Kyein Land,
like *Tarwadintha*,
just one trip, just for once,
may I return, hope and pray,
the land, the air, the water,
my soul is there.

Like Tarwadintha, heaven of *nat-devata*,
Oh my Kyein Land, my native land.

* *Tāvatiṃsa*

၄၇။ ကျိန်းမေသျှင်

၁။
မင်းနှင့်ငါ အချေ့ခါက၊
ရွယ်သော်တွက်ခြား၊
ငါးခြောက် ခုနှစ်၊ ရှစ်ကိုးနှစ်က၊
လောကအမြင်၊ မရှိခင်က
အဆင်အပြင်၊ မသိခင်က
အဖေါ်အဘက် ကစပ်ဘက်။   ။

၂။
ဒေါင်းခြောက်ခုန်တမ်း၊ ကြက်ခွပ်တမ်းနှင့်
ပြီးတမ်း ခုန်တမ်း၊ ပန်းဖွက်တမ်း
ဆုံးတန်းမမြင်၊ ကျိန်းရင်ပြင်၏
ပေါမိပင်ရင်း၊ ဒိုးတလင်းတွင်
ဒိုးခင်းဒိုးဆင်၊ ဒိုးစစ်ဆင်၍၊
ပျော်ရွှင် ပျော်တောင်း ငယ်ကပေါင်း။   ။

47. Kyein May Shun

1.
You and I, just the kids,
in the ages of five, six, seven, eight
and nine, innocence of the world,
unaware of the manners or styles,
are friends and playmates.

2. Two-leg jumps, cock fights,
run and jump, games of riddles,
simply endless;
in the Doh Field of Bodhi grove,
Kyein Hill Square,
we prepare the Doh,
we lay down the strategies for Doh,
and we wage the Doh War;
as happy as we can be,
childhood friends.

ကျိန်းမေသျှင်

Kyein May Shun

၃။
ထိုင်တော်မူဘုရား၊ ကျိန်းသျှင်နားက
စကားဝါပင်၊ ခြီရင်းတွင်ထိုင်
ပုခုံးဆိုင်၍၊ ရွှေခိုင်စကားဝါ
ခူးပေးပါသော်၊ ဆံပေါ်မပန်
နားတွင်ပန်မြှန်း၊ အသွင်ဆန်းသည်
ပန်း မပန်တတ်သေးသော
သူငယ်ချင်း။   ။

၄။
ကြိမ်ကြိမ် ခါခါ၊ ကျိန်းတောင်သာတွင်
တွဲ့ကာတက်လှမ်း၊ အင်ကြင်းလမ်း၌
မညွှန်းမဆို၊ အင်ကြင်းကိုကောက်
နွယ်ချို့ဖေါက်၍၊ ပေါက်ပေါက်သီကုံး
အင်ကြင်းကုံးကို၊ ပြုံးချို့စစ
ပီးခသည်တွင်၊ လည်တွင်ဆင်မြှန်း
ရွှင်ရွှင် လန်းလန်း၊ ပြေးလွှားလှမ်းသည်
စိတ်ဆန်းမှုဟန်၊ နှဲ့ဟန်သဘော
မရှိသေးသော သူငယ်ချင်း။   ။

3.
Near the Sitting Buddha,
the Lord of Kyein Hill,
underneath the Sangawah tree,
side by side, shoulder to shoulder,
together, just sit to pass the time;
when I pluck and
give a Sangawah* flower,
she wears it not on the hair
but on the ear,
strange though she looks,
yet not know how to wear a flower,
my friend of my childhood!

4.
Many times, in many occasions,
on the beautiful Kyein Hills,
we climb together; on the path
of Plumeria Champak White,
just for nothing,
I pluck the flowers and, with a vine,
make them into a garland,
smiling sweet, I give the garland to
her;
wearing the garland around her neck,
happy and jolly, with leap and bound,
she runs up the hill;
nothing strange, nothing unusual,
nothing special,
simply simple is she,
my friend of my childhood.

*Magnolia champaca

ကျိန်းမေသျှင်

Kyein May Shun

၅။
နှစ်စဉ်နှစ်ဆန်း၊ ပိတောက်လန်းသော်
ပန်းကိုမမှင်၊ စိတ်ကြည်စင်လျက်
ကျိန်းသျှင်ရင်ပြင်၊ ပေါမိပင်တန်း
ရိပ်မြိုင်နန်းတွင်၊ ဝိုင်းဝန်း ပတ်စည်
မိုးယံပြည်ဘောင်၊ သံအောင်ပြိန်းပြိန်း
တီးကာဟိန်းသော်၊ ပြိန်းပြိန်းပေါက်ပေါက်
ခုန်ပေါက်ကာက၊ ရှက်ကြောက်မရှိ
ငယ်ပါဘိသော သူငယ်ချင်း။ ။

၆။
ဆယ်နှစ်ကိုကူး၊ ပိတောက်လူးကာ
အတာအတာ၊ ထပ်ဆင့်တာကာ
စကားဝါ စကားဝါ၊ သုံးလေးကြိမ်သာ
လွန်ခဲ့ပါလည်း၊ ခင်းသာအင်ကြင်း
မွှေးပျံ့သင်းသည့်၊ အဆင်းအတက်
ကျိန်းလမ်းခက်တွင်၊ မေသျှင်နှင့်ငါ
ပြေးကာခုန်ကာ၊ ကစပ်ကာသာ
နေခဲ့ပါသည်၊ ငယ်ခါငယ်ရင်း သူငယ်ချင်း။ ။

5.
Every year, every new year,
Padauk blooms bright and shine;
unattracted by the golden flowers,
a clean and clear mind prevails;
in the Kyein Hills holy premises,
underneath the shady Bodhi trees,
the bands of drums position in circles;
when the exploding drumbeats echo in
the sky,
in a race with the beats of the drums,
she jumps and dances touching the
clouds;
fearless and unbashful,
young, simply young, my childhood
friend.

6.
Running into the ten years,
the golden Padauk comes and goes,
years renew one after another,
Sangawah and Sangawah,
three, four times repeat the blooms;
still then, though tricky up and down,
on the paths of Kyein Hills,
when the air is filled
with the fragrance of White Plumeria,
with leaps and bound,
Mayshun and I play and run,
we are young and we are friends,
my childhood friend.

ကျိန်းမေသျှင်

Kyein May Shun

၇။
ဆယ်ကျော်သုံးလေး၊ ပြန်ပြောင်းတွေးသော်
ပြေးပြေးထင်ထင်၊ ငါမြင်ပါ၏
လမှာ၁ကဆုန်၊ ဗုဒ္ဓ၌မွေး
လေးပါးသစ္စာ၊ မြင်ခဲ့ပါပြီး
နိဗ္ဗာန်ပြု။ ပေါင်းစည်းမှုတွင်
တိမ်စင်လပြည့်၊ ကြည့်တိုင်းသာယာ
သောကြာနေ့ပါ၊ ကျိန်းသာယာဝေ၊
ညှောင်ရေသွန်းလောင်း၊ ကုသိုလ်ပေါင်းသည်၊
တောင်းဆုစည်ဆော်၊ စုပေါင်းပျော်ကောင်း၊
သာတောင်းသာယာ ရှိချေသည်။ ။

7.
Thirteen and fourteen, upon the reflection,
vivid and clear, I still see;
in the month of Kason,
the Day of Buddha,
the Birth, the Enlightenment and the Parinibbana,
is a Friday, a clear full moon day,
on the beautiful Kyein Hills,
the Bodhi Water festival,
the good merits sound the prayer drums,
good feelings of happiness seep through,
pleasant, oh pleasant it is.

ကျိန်းမေသျှင်

၈။
ယင်းခါခဏ၊ ငယ်ကပေါင်းရင်း
သူငယ်ချင်းမှာ၊ စံကားဝါကိုပန်
ဦးမြတ်ဆံဝယ်၊ သွယ်သွယ် ဆံတောက်
ပေါက်ပေါက် တန်းတန်း၊ လည်ဝယ်လျှမ်းပြီး
ဆင်မြန်းကိုယ်ဝယ်၊ မိုးပြာထည်စင်၊
ရွှေရင်သိမ်းစ၊ ကိုယ်တင်ခရှူ၊
စိမ်းမြချိပ်နု၊ ယဉ်စုထမိန်၊ ခါးသိမ်သိမ်တွင်၊
ကျော့ယဉ်လှပ၊
အေးမြရေအိုး၊ ခါးတွင်ပျိုးပြီး၊ မြမျိုးမြတ်မွန်၊
လာခဲ့ပြန်သော်၊
တောင်ပေါ် ကျိန်းတန်း၊ ဗောဓိလမ်းမှာ၊
လဝန်းတစ်ရာ သာသည်သို့။။ ။

8.
At that moment,
my friend, my childhood friend,
wearing a Sangawah on her pretty
hair,
what a splendor of puffy ponytail,
pouncing about her lovely neck.

Fashioned in a dress of sky blue,
around her shoulder,
she wraps on a white holy shawl
that rests on her budding bosom.

Her long skirt, a shade of young jade,
with a pattern of geometric flowers,
softly rests on her slim waist.

An able beauty of sharp and slender
body,
with ease, she carries a pot of water
for Bodhi tree,
on the crescent of the right hip.

Each step, like a dance of a fairy,
lovely, a superb refinement of pure
jade,
she makes her advances,
on the Kyein Hills Bodhi road.

She is a shine of one hundred full
moons.

ကျိန်းမေသျှင်

Kyein May Shun

၉။
ယင်းအခါမူ၊ ဒူရှုရှေ့ကြည့်
ငါ့ကိုတွေ့က၊ သွဲ့သွဲ့ နွဲ့နွဲ့
ဟန်မူခဲ့ပြီး၊ စေ့စေ့ပြုံးပြုံး
ပုလဲကုံးသွင်၊ ဆုံးစမထင်
စကားဆင်သည်၊ ပျားပင်ပျားပန်း
ပျားမိုးသွန်းသို့။ ။

9. At the moment,
a look straight forward,
there, she sees me.

Lo, what an agile sway of her fairy
body,
Oh, what an angelic soft smile,
with a glow of the pearls,
she sweetly enters
into an endless talk of varieties.

She is a honey flower,
on a honey tree,
in the shower of honey.

၁၀။
တစ်ခါ တစ်ခါ၊ စဉ်းစားပါ၏
ကြမ္မာရေးကံ၊ ဆိုလွယ်ပြန်လည်း
အမှန်ဘဝ၊ ဤလောကတွင်
ပျော်စပျော်ရာ၊ မနေသာဘဲ
တော်ရာကိုသာ၊ ကျိန်းကခွါပြီး
စိတ်မှာမရွှင်၊ အရှေ့ခွင်သို့
စာသင်ပညာ၊ ဆည်းပူးပါရန်
သွားရပြန်သည်၊ လီထန် မိုးထန်
မုန်းတိုင်းဟန်သို့။ ။

10.
Time and again, I deeply think;
just my fate? Easy to say,
but, in real life, in this world,
no chance of staying in the place of
happiness,
have to go to a place of relevance.

Departing the happy Kyein,
with the sad thoughts storming my
mind,
but for the sake of education,
I set out to the east.

It is a strong wind, under a strong rain,
in a strong storm.

ကျိန်းမေသျှင် Kyein May Shun

၁၁။

တွေးတွေးဆဆ၊ လွမ်းကာသသော်
ဆယ်ကျော်ရှစ်နှစ်၊ အရွယ်စစ်၍
မဖြစ်မနေ၊ ကျိန်းတိုက်မြေသို့
ပြေပြေဖြိုက်ဖြိုက်၊ ရောက်သည့်ခိုက်တွင်
တိုက်တိုက်ဆိုင်ဆိုင်၊ အင်ကြင်းမြိုင်ဝယ်
တုပြိုင်မရှိ၊ ငယ်သိငယ်ပေါင်း
နဲ့ နောင်းမူယာ၊ ကျိန်းသူဇာကို
တွေ့ပါရသော်၊ စိတ်ကထင်သည်
တခွင်ဇဝ္ဏ၊ သရဖူသို့။   ။

11.
The reflecting thoughts torture me,
and my yearning penetrates deeply.

At the good age of eighteen,
as a matter of do or die,
resolute and determined,
I touch back the Land of Kyein.

Glory be, what a coincidence!
On the path of White Plumeria,
there,
my young friend, my childhood friend,
the crown of Kyein Beauty,
there exists no comparison,
soft and tender, graceful and willowy,
a chance with the Queen of the
Universe.

ကျိန်းမေသျှင်

Kyein May Shun

၁၂။
အင်ကြင်းကုံးကို၊ ဆံထုံးမှာဆင်
သွယ်ကာလွင်လျှမ်း၊ ဆံမိတ်တန်းနှင့်
ပွင့်ဆန်းရက်ဆင်၊ သရက်နုရောင်
မြနုရောင်ရှိန်၊ ချိပ်ထမိန်ကို
သိမ်သိမ်လျှုလျှု၊ ခါးဝယ်သ၍
ဖြူလှုစပယ်၊ တစ်ရောင်ချယ်သော
ပင်ကိုယ်အကျီ၊ ရင်မို့ချိပြီး
သီသီနွယ်နွယ်၊ ပုလဲသွယ်ဖြင့်
ရယ်ကာမောကာ၊ နှုတ်ဆက်လာသည်
မိုးပြာတိမ်စွန် ကြယ်တံခွန်သို့။॥   ॥

12.
A garland of white plumeria,
coils around her one-fold hair knot;
the willowy hairs, with sways and
strays,
dance down to her slim waist.

She smarts with a hand-woven skirt,
in a color of young mango leaf,
adorning a shade of jade green,
with graphic flowers and geometric
waves,
rendering a grace to her gentle strides;
and a body dress of solid color white
jasmine
softly slides down the mounts of her
bosom.

In a steady pace with grace and
beauty,
with a show of shining lovely pearls,
she laughs and smiles as she greets me
cheerfully.

She is a flying star high up the blue
sky.

ကျိန်းမေသျှင်

Kyein May Shun

၁၃။
အထူးအထူး၊ စိတ်ဝယ်ကူးမိ
မြူးမြူးရွှင်ရွှင်၊ သွင်သွင်သန်သန်
အပြန်အလှန်၊ စကားမှန်ဖြင့်
ဟိတ်ဟန်မပါ၊ ပြောကာမဆုံး
ပြုံးသည့် ပြုံးသွင်၊ ငယ်ပင်ငယ်ပေါင်း
မိတ်ကောင်း၊ ဆွေမွန်၊ မေသျှင်မွန်ကို
တွေးပြန်သတိ၊ အသိစိတ်မှာ
ပီတိဖြာဖြာ၊ သာယာပါစေ
ပျော်ပါစေကြောင်း၊ ဆုမွန်တောင်းသည်
သောင်းပြောင်းစိတ်မှာ ထွေတလာတည်း။။ ။

၁၄။
သို့စေကာလည်း၊ တွေးကာစစ်စစ်
ငါ့အပြစ်ပါ၊ ဆယ့်ရှစ်နှစ်ရောက်
လူလားမြောက်ပြီ၊ မာနချီ၍
မထီမထင်၊ လောင်းပျင်ရွက်ဆင်
တက်ကိုတင်ကာ၊ ပဲ့စင်မှုထိမ်း
မတိမ်းအမှန်၊ ရီဆန်လီဆန်
လားလီပြန်ကော၊ လှိုင်းထန်မိုးထန်
ရှိလေပြန်၍၊ တဖန်တခါ၊
ကျိန်းသာယာသို့၊ ပြန်ကာတစ်ခေါက်၊
ငါမရောက်ခဲ့၊
အောက်မေ့သည်သာ ရှိချေသည်။။ ။

13.
Many, many kinds of imagination
swim in my mind;
happy and jolly, light and free,
we talk and converse;
our words are true,
our manners are honest,
no pride, no prejudice,
talks do not find an end.

Smiley and modest,
my young friend, my childhood friend,
good friend, genuine friend, Mayshun;
with due awareness and conscience,
joyous and delightful,
may you be happy, may you be fine,
good wishes and prayers I convey,
as my thoughts wander into many
worlds.

14.
Nevertheless, when reflect and
analyze it is me who is at fault;
I am eighteen, I am a grownup,
with this pride, I challenge the world,
I prepare my boat, I set a sail,
I fix the rudder at the stern,
I sail out with a single mind,
against the current, against the wind,
the waves are so high, rain is so
heavy,
I simply fail to touch the Kyein Hills
once again,
just have to be satisfied with the
reflections.

ကျိန်းမေသွင်   Kyein May Shun

၁၅။
ဆယ်စုဆယ်စု၊ ပေါင်းစုပြုသော်
ရှစ်စုခုပင်၊ ရောက်မြှောက်ဝင်ခဲ့
အင်ကြင်းမြိုင်လမ်း၊ ကျိန်းတောင်တန်းနှင့်
ပန်းစံကားဝါ၊ လသာလပြည့်
ကဆုန်နေ့ကို၊ မမေ့သည်သာ
ဖြစ်ခဲ့ပါ၍၊ ငယ်ခါငယ်ချင်း
ဝင်းဝင်းပပါ၊ မြမြကြည်လင်၊
တိမ်စင်လဝန်း၊ လန်းသည့်ပန်းကို၊
စိတ်ဝမ်းချို့သာ၊ ပျော်ရာပျော်ကြောင်း
ကောင်းရာကောင်းကြောင်း၊ ဆုမွန်တောင်းသည်
ငယ်ပေါင်းမိတ်မွန် မေသွင်မွန်။ ။

(ကျိန်းမေသွင် ဟု ဂုဏ်ပြုအပ်ပါသော
ငါ့၏ ငယ်သူငယ်ချင်း တဦးကို အမှတ်တရ)။

15.
I collect and add the decades,
it is running in the eighth decade;
the footpath in the White Plumeria
grove, the misty green Kyein Hills,
golden Sangawah* flowers,
the moonlit full moon night of Month
Kason, never depart my mind;
my young friend, my childhood friend,
bright and radiant,
clear and transparent, a precious jade,
a full moon of clear sky,
a bloom of the blossoms,
may your mind and body be ever
sweet, may you be happy and jolly,
may you be good and glorious,
I pray good prayers, my good friend,
childhood friend, Mayshun.

Magnolia champaca

(Remembering a childhood friend of mine, who is
here honored as Kyein May Shun).

၄၈။ ၈-လေးလုံး မှတ်တမ်း

လှည်းနေ လှေအောင်း
မြင်းစောင်း မကျန်
အပြန်အလှန် ဆန်းစစ်
စစ်ဘုရင် အုပ်ချုပ်ရေး
မနှေး တော်လှန်
အသေခံသည်
အာဇာနည် ပြည်သူ ဒို့ပြည်သူ။　　॥

၄၉။ တော်လှန်ရေးကို တွေးဆပါ

တော်လှန်ရေးဟု ဟစ်ကြွေးအော်ကာ
နှိုးဆော်ပါသည် အခါသမယ အရေးအရာ
တွေးဆပါလော့ မပေါ့ဆသင့်
အိုသျှင့်ပြည်သူ အိုပြည်သူ။　　॥

48. Four-Eight's remembered

Bullock-cart people, boat-people,
stable-people, no one left behind,
after due thoughts and analysis,
in and out, out and in,
decide against the military rule,
stage a protest, without hesitance,
they sacrifice their lives,
they are martyrs, they are the people.

49. Think of revolution

Revolution,
when we say, "Revolution,"
when we call for "revolution,"
please give it a thought,
please don't be light,
please don't be negligent,
O' noble people, O' people.

၅၀။ ဆူးလေးမှ ပြည်သူ့သွေးများ

ဆူးလေးဘုရား
ကျွန်ုပ်ဘုရား၏ ခြေရင်း
မြစ်ခင်းပြင်လို့ တသွင်သွင်စီး
မီးနီရဲရဲ ပြည်သူ့သွေးများ။။

ယင်းသွေးများကို သိုထားပိုက်ထွေး
စိတ်မှာတွေးလျှင် ပြေးပြေးပြင်ပြင်
ငါတွေ့မြင်သည် ကျွန်ုပ်တွင်တော်လှန်ရေး
ပြည်သူ့အရေး။။

ပြည်သူ့အရေး ဒို့အရေးဟု
ဟစ်ကြွေးချီတက် လက်ချင်းဆက်လျက်
ကျွန်ုပ်ရက်ကျွန်ုပ်အခါ ပေးပါ ဒီမိုကရေစီ
ပီပီပြင်ပြင် တိုက်ပွဲဆင်သည်
ဘဝင်မနောတွင် အာဏာရှင် ကို
ရင်ဆိုင်လေသော ထိုသွေးများ။။

ထိုသွေးများကို ထွေးထားရင်မှာ
မမေ့ပါသည် ကမ္ဘာ ဆုံးတိုင် သွေးမဏ္ဍိုင်။။

ကျွန်ုပ်သွေးမဏ္ဍိုင်
လျှောက်ထားတိုင်သည်
ပိုင်ပိုင်သက်သေ ဝသုန်မြေ။။

ကျွန်ုပ်ဝသုန်မြေ သက်သေတည်သည်
ကျွန်ုပ်မြေကျွန်ုပ်သွေး ပြည်သူ့သွေးများ။။ ။

50. People's blood at Sule

Sule Buddha,
at the foot of this pagoda,
as though it is river,
flowing free and steady,
red like fire, people's blood.

These blood, with reverence, I embrace;
the reflection in my mind
takes me back to the day,
this is a revolution, people's revolution.

People's revolution, our revolution,
with the cry of slogan, hands in hands,
this day, this time, we demand,
"Democracy, we want democracy."

Determined and resolute,
we enter the battle,
with the strength of our hearts,
we oppose the dictator,
these are the blood of the braves.

The blood of the braves,
I warm them in my body.
The world may end,
but forget not the pillars of blood.

These pillars of blood,
please uphold them firm,
O' Goddess of Earth.

O' Goddess of Earth, you be the witness,
this earth, this blood, people's blood.

၅၁။ အာဏာပိုင်ဝါဒီ

နေပြည်တော်မှာ
အာဘောင် သန်သန်
ကလိန်ဉာဏ် ကိုပြု
ပြည်ထောင်စု ဆိုပြီးတော့
ပါးစပ်ကြီးကို ကျယ်နိုင်သမျှကျယ်
ဟစ်ပိုပိုတမာစ် သဘွယ်
အမျိုးသားညီညွတ်ရေး ကြွေးကြော်နေတယ်၊ ။

နေပြည်တော်မှာ
အာဘောင် သန်သန်
ကလိန်ဉာဏ် ကိုပြု
ဒီမိုကရေစီကို ပြုစုပါတယ်ဆိုပြီးတော့
ပါးစပ်ကြီးကို ကျယ်နိုင်သမျှကျယ်
ဟစ်ပိုပိုတမာစ် သဘွယ်
ဒီမိုကရေစီအရေး ကြွေးကြော်နေတယ်၊ ။

ပေါ့ပေါ့ပျက်ပျက်
လက်တွေ့မှာတော့
ကြောကိုကျော့လို့ စစ်ဘိနပ်နှင့်နင်း
တင်းတင်းနိုင်နိုင် “ထိုင် ဆိုရင်ထိုင်
ထ ဆိုရင်ထ ငါ့ သဘောကျ မင်းနေ
မဟုတ်ရင် အသေဘဲ” ။

ပါးစပ်က ဘုရားဘုရား
လက်က ကားရားကားရား
စကားမှာ စကားပြောရရင်
သူတော်စင် ပုံဘမ်း
ဆိုးသွမ်းသည့် ကြောင်သူတော်များ ပါတကား။ ။

51. The autocrat

At Naypyitaw,
airing powerful voice,
harboring a twisted mind,
sounding, "Federation, federation,"
widening the mouth as much as it can,
like a hippopotamus,
they scream in the pretext of national
unity.

At Naypyitaw,
airing powerful voice,
harboring a twisted mind,
sounding, "Democracy, democracy,"
widening the mouth as much as it can,
like a hippopotamus,
they scream in the pretext of democracy.

Flippant and ruinous, in reality,
the military boots, tough and rough,
squash the people's back, and
sternly order, "sit when I say sit;
stand when I say stand; live a life as I
say; you die, otherwise."

The mouth utters "Buddha, Buddha,"
the hand, though, carries no discipline,
to say it words in words,
boasting a style of saintly disciple,
they are evils in the holy disguise.

၅၂။ အာစရိယ ဆရာဆရာမ

၁။ တိုင်းနိုင်ငံ နိုင်ငံတခုရဲ့
နှလုံးသွေးပမာ ပညာရေးမဏ္ဍိုင်မှာ
အာစရိယ ဆရာဆရာမ ဆိုတာ
နိုင်ငံတော်ရဲ့ ဦးကျောက်ဖြစ်တယ်၊   ။

၂။ စစ်အစိုးရ အုပ်ချုပ်လာတာ
မြန်မာနိုင်ငံမှာ -
၁၉၆၂-ခု က အခုထိတိုင်ဖြစ်တယ်၊
၂၀၂၁-မှုသာ ဖြစ်လာတာ မဟုတ်ပါ၊   ။

၃။ ခေတ်အဆက်ဆက်မှာ
စစ်အစိုးရ ပြည်သူ့အစိုးရ
မခွဲမခြား နိုင်ငံရေးမကွက်ကြားဘဲ
ပညာရေးမဏ္ဍိုင်ကို တသီးတခြား ရှိစေခဲ့တယ်၊   ။

၄။ ၂၀၂၁-မှာ စစ်အစိုးရတကြော့ပြန်တော့မှ
စစ်တပ်ကိုမနိုင်လို့ အကာအကွယ်မရှိတဲ့
ပညာရေးမဏ္ဍိုင်ကိုသာ
ဦးချိုမနိုင် နားရွက်ကိုင် ဆိုသလို
စင်ပြိုင် နိုင်ငံရေး အစိုးရက
✿ဆီဒီအမ်းလုပ်ရေးဆိုပြီး
ကိုင်တွယ်လေတော့တယ်၊   ။

52. Teacher ācariya

1. In a country, in a nation,
comparable to the blood of heart,
education is an institution;
ācariya teachers in its service
are the brain of the country and nation.

2. The rule of the military government,
in Myanmar, commenced in 1962,
going onto today with no break;
the military rule did not start only in
2021.

3. In all ages,
weather it be a military
or elected government,
with no political interference,
the education institution enjoys
autonomy.

4. A Burmese proverb says,
"horn is hard to tackle, so hold the ear."
Just like that, in 2021,
when the military re-asserted its rule,
unable to control the military,
the defenseless education institution was
handled by the parallel political
government, manipulating them for the
CDM- civil disobedience movement.

✿CDM: Civil Disobedience Movement

အာစရိယ ဆရာဆရာမ   Teacher ācariya

၅။ ဒီတော့ခါ ဒီအခါမှာ
ဆီဒီအမ်းလုပ်တဲ့အာစရိယ
ဆီဒီအမ်းမလုပ်တဲ့အာစရိယ ဆိုပြီး
ပညာရေးမဏ္ဍိုင် ယိမ်းယိုင်လေတော့တယ်၊ ॥

5. In the atmosphere of confusion,
there emerged CDM-teachers and
non-CDM-teachers,
weakening the educational institution.

၆။ ဆီဒီအမ်းလုပ်တဲ့အာစရိယတွေကို
စစ်အစိုးရက ဘမ်းလိုက ဘမ်း
ထောင်ချလိုက ထောင်ချ ပေတော့တယ်၊ ॥

6. The military government
arrested and imprisoned
the CDM-teachers.

၇။ ဆီဒီအမ်းမလုပ်တဲ့အာစရိယတွေကိုတော့
ဆန့်ကျင်ဘက် စင်ပြိုင်နိုင်ငံရေးအစိုးရက
ဘမ်းလိုကဘမ်း ထောင်ချလိုက ထောင်ချ
သေဒဏ်ပေးလို့ သတ်တဲ့အထိဖြစ်တော့တယ်၊ ॥

7. Non-CDM-teachers were
arrested, imprisoned, and even killed
by the parallel political government
elements.

၈။ ပညာပေးတဲ့ ဆရာဆရာမတွေဟာ
မြေစာပင်ဖြစ်ရလေတယ်၊ ॥

8. The teachers,
the disseminators of knowledge,
become the grass bush,
under the hooves of fighting buffaloes.

အာစရိယ ဆရာဆရာမ

Teacher ācariya

၉။ ပြောစရာရှာမတွေ့
ကြေကွဲကာ ဝေဒနာအပြည့်နဲ့
ဒီမှာသာမှတ်တမ်းတင်ပါတယ်-
ဒီ့အပြင် ဘာမှမတတ်နိုင်တာမို့
ခွင့်လွှတ်ပါ ဆရာ-ဆရာမ ရယ်ကွယ်၊
အာစရိယဂုဏ်တော အနန္တာလို့
ဦးထိပ်တင် ဂုဏ်ပြုလိုက်ပါတယ်။   ။

9. No words were found to express my sorrow,
with great pain deep in my heart,
helpless,
I may simply make a record of the sadness;
O' teachers, please pardon me for my weakness,
you are placed among
the Five Infinite Venerables,
with such honor, I will remember.

မှတ်စု။

၁။ ဆရာမ ဒေါ်အေးမာထွန်း၊ ၂၄-နှစ်၊ တမူး၊ စစ်ကိုင်းဒေသကြီး၊ ၂၀၂၂-ခု ဇွန်လတွင် အန်ယူဂျီ-ပီဒီအဖ် တို့၏ အသတ်ခံခဲ့ရသည်။

၂။ ဆရာမ ဒေါ်ဟင်နီစုကြည်ဇော်၊ ၃၀-နှစ်၊ တမူး၊ စစ်ကိုင်းဒေသကြီး၊ ကို စစ်အစိုးရ က ထောင်ဒဏ် ၁၀-နှစ် ၂၀၂၂-ခု နိုဝင်ဘာလ တွင် ပေးခဲ့သည်။

၃။ ဆရာမကြီး ဒေါ်စုလတ်ဖြူ၊ ၃၄-နှစ်၊ မကျီးကုန်း၊ တနသၤာရီဒေသကြီး၊ ၂၀၂၃-ခု မေလ ၂၅-ရက်တွင် အန်ယူဂျီ-ပီဒီအဖ် အသတ်ခံခဲ့ရသည်။

၄။ လွိုင်ကော်တက္ကသိုလ် ပါမောက္ခချုပ် ဆရာကြီးဦးအောင်ခင်မြင့်၊ ဒုတိယပါမောက္ခချုပ် ဆရာမကြီးဒေါ်သီတာ နှင့် ဆရာ ၃-ဦး၊ စုစုပေါင်း ၅-ဦးကို ကရင်နီ ယာယီအစိုးရကောင်စီ မှ ဒဏ်ငွေကျပ် ၉-သိန်းစီ နှင့် ထောင်ဒဏ် ၂-နှစ်စီ ၂၀၂၄-ခု မတ်လတွင် အပြစ်ဒဏ်ပေးခဲ့သည်။

Notes:

1. Teacher Daw Aye Mar Tun, age 24, Tamu, Sagaing, was killed by NUG-PDF in June 2022.

2. Teacher Honey Su Kyi Zaw, 30, Tamu, Sagaing, was sentenced to 10-year imprisonment by the military junta in November 2022.

3. Headmistress Daw Su Latt Phyu, Age 34, BEMS Headmistress, Magyigone Village, Tanintharyi Region, was killed by NUG-PDF on May 25, 2023.

4. Loikaw University Rector Professor Aung Khin Myint, vice rector Professor Daw Thidar and three other academics were fined 900,000 kyat each and sentenced to two-year imprisonment by the Karenni Interim Executive Council (IEC) in March 2024.

၅၃။ မယ်မလွမ်းသာ
(အအေ စစ်သည်တစ်ဦး၏ပုံပြင်)

အပိုင်း-၁။ ပြည်သူ့သွီး

ပြည်သူ့သွီး ချစ်သွီး
ချစ်သွီး ယေ လေး မှ ချစ်သွီး ယေ လေး၊ ॥

ညို့ညို့ငယ် သွယ်ဆန်း
ဒူးဝယ်ပျံသန်း ဆံကေလျှမ် ကို
ချော် - အတိုချေဖြတ် ဆံတောက်ညှပ်လို့၊ ॥

ယူနီဖောင်းကိုဝတ် သေနတ်ကိုလွယ်
ကြော့ပိုးကိုထမ်း သင်တန်းကိုဆင်း
ဘယ်ညာနင်းရာယ်၊ ॥

ရက္ခိုင်ပြည်လွတ်ရီး ပြည်သူ့အရီး
လွတ်မြှောက်ရီး ယေ လေး မှ
လွတ်ရီး ယေ လေး॥ ॥

---

53. No time to pine for
(The tale of an AA soldier)

Part 1. People's daughter

People's daughter, the beloved daughter,
the loving daughter,
O' the loving daughter.

Deep black, long and wonderful,
swaying and flying around the knees,
my flowing radiant hair,
O' I cut it short, short, short, and short.

Slip into the uniform, hold the gun,
carry the backpack,
go the training ground,
left, right, left, right, left, right,
I pound the ground.

*Arakha liberation, people's liberation,
it is for the liberation, O' Liberation!

*Arakan was also known as Arakha or Arrakha
in antiquity. The Arakan Army uses this word in
its statements. It is a Pali word meaning a guard
or safe-guarding, or protection.

မယ်မလွမ်းသာ
(အေအေ စစ်သည်တစ်ဦး၏ပုံပြင်)

အပိုင်း ၂။ အမိသွီး

အမိသွီး ချစ်သွီး
ချစ်သွီး ယေ လေး မှ ချစ်သွီး ယေ လေး၊ ။

ရိုးမကဝီး မနီးခရီး မေခမလိခ မြစ်ဆုံကစ
လိုင်ဇာစခန်း စစ်သင်တန်းမှာ၊ ။

မိုးပေါက်မိုးသီး ဖြိုင်ဖြိုင်ဟီးသို့
ချွေးပြိုင်ပြိုင်စီး တိမ်ဆိုင်မိုးပွင့်
ထိကာလွင့်သော တောင်မြင့်ကြီးကို
ပြီးပြီးကေတက် ပြီးပြီးကေဆင်း
ကျားပိုင်ဆင်ပိုင်၊ ရင်ကိုကြော့ကြော့
ဝေါင်းကိုမော့လို့ သော့သော့လျင်လျင်
မောင်းကိုတင်ဗျာယ် အေကေဖို့တီဆန်ပန်*
ပစ်လီပြန်ဝေါ၊ ။

မလွမ်းသာပါ မာတာမိမြတ် ဘဝနတ်၊
ချစ်မိမြတ် ယေ လေး မှ မိမြတ် ယေ လေး။ ။

*AK47

Part 2. Mother's daughter

Mother's daughter, the beloved daughter,
the loving daughter,
O' the loving daughter.

Afar from the Rakhaing Roma,
away in a distant land,
beyond the confluence of Maeli and
Maelikha,
in the Laiza Military Camp;

In the way it rains, heavy and soggy,
the sweat pours down,
tall and gigantic,
touching the sky and
reaching the clouds,
the mountains, up I run, down I race,
as though I am a tiger,
as though I am an elephant;

Chest out, head high,
quick and fast,
I load and fire the AK-47;

No time to pine for my mother,
the holy one, the angel of my life,
my loving mother, O' my mother.

No time to pine for
(The tale of an AA soldier)

မယ်မလွမ်းသာ
(အေအေ စစ်သည်တစ်ဦး၏ပုံပြင်)

No time to pine for
(The tale of an AA soldier)

Part 3. Father's daughter

Father's daughter, the beloved daughter,
the loving daughter,
O' the loving daughter.

အပိုင်း၃။ အဖသမီး

အဖသမီး ချစ်သမီး
ချစ်သမီး ယေ လေး မှ ချစ်သမီး ယေ လေး၊ ။

စစ်သည်၏ထုံး နှလုံးမှာမူ
အမိန့်နာခံ ကျန်းမာသန်စွမ်း၊ ။

The discipline of a warrior,
I cherish in my heart,
I obey the order,
I keep myself strong and healthy.

မီးကျောင်းပိုင်တွား မျောက်ပိုင်လွှားခုန်
ဂျီပိုင်ခုန်ပေါက် ဆတ်သို့ဟောက်ပြီး၊
ဟိန်းဟိန်းကျားပိုင် ဆင်ပိုင်လည်းကြွီး
ဗျူဟာလည်းဆင် စစ်ကိုဝင်ဝေ၊ ။

I crawl like a croc,
I swing and jump like a monkey,
I hop like a deer,
I roar like a gaur,
I growl like a tiger,
I scream like an elephant,
With a plan of strategy, I enter the battle.

မလွမ်းသာပါ ပိတာဖမြတ် အိမ်ဦးနတ်၊
ချစ်ဖမြတ် ယေ လေး မှ ဖမြတ် ယေ လေး။ ။

No time to pine for my father,
the holy one, the angel of our home,
my loving father, O' my father.

မယ်မလွမ်းသာ
(အေအေ စစ်သည်တစ်ဦး၏ပုံပြင်)

No time to pine for
(The tale of an AA soldier)

အပိုင်း ၄။ ချစ်မမကြီး

မောင်ထွီးမမကြီး ချစ်မမကြီး
ချစ်မမကြီး ယေ လေး မှ
ချစ်မမကြီး ယေ လေး၊   ။

ချစ်မမကြီး စစ်သည်ကြီးမှာ
သနပ်ခါးနဲ့သာ မယ့်ပါးပြင်မှာ
မဆင်မလိမ်း ချွေးစိမ်းစိမ်းနဲ့၊   ။

ကေသာပိတုန်း စပယ်ကုံးကိုမဆင်
သဇင်မပန် ဆီမွှေးမလိမ်း
ဖုံ့အလိမ်းလိမ်းနဲ့၊   ။

စိမ်းစိမ်းပြောင်ပြောင် အေတောတောင်မှာ
မီးရောင်ညီးညီး ပြောင်းသီးကျည်သီး
ကြယ်ပျံဟီးဟီး ပျံကာပြီးလို့
သွီးမီးသွီးလောင် စစ်မီးလောင်ဂေ၊   ။

မလွမ်းသာပါ ရတနာမျက်ဖူး အိမ်ဦးဆွဲလွဲ
ပုလဲရင်ခွင် မိဖရင်သွီး ငါ့ မောင်ထွီးချေ
မောင်ထွီးချေ ယေ လေးမှ
ထွီးချေ ယေ လေး။။   ။

Part 4. Brother's sister

Brother's sister, the beloved sister,
the loving sister, O' the loving sister.

Here is your soldier sister,
thanaka and sandalwood,
none on my face, no cosmetics,
sweaty and acrid.

O' my radiant deep black hair,
no garland of jasmine,
no strings of Thazun,*
no sweet fragrant oil,
only dust, thick and sticky.

Green and dazzling, in these jungles and
on these mountains,
the flames of fire, rockets and bullets fly,
as though they were the shooting stars,
the blood burns and boils over,
it is a war; your sister is in war.

This sister has no time
to pine for the youngest brother,
the jewel of our eyes,
the silver jingle of our home,
the pearl of our hearts,
the beloved sibling,
my loving brother, O' my brother.

* *Bulbophyllum auricomum*

မယ်မလွမ်းသာ
(အေအေ စစ်သည်တစ်ဦး၏ပုံပြင်)

No time to pine for
(The tale of an AA soldier)

Part 5. On account of liberation

အပိုင်း ၅။ လွတ်ရာလွတ်ရီး

လွတ်ရာလွတ်ရီး စစ်ရီးစစ်ရာ
ဆိုသည်မှာကား
သီမင်းကိုဖက် သီတွင်းကိုဝင်
သီချင်သီ ကြိချင်ကြိ
လွတ်ရာလွတ်ရီး အသက်ပီးကေ
အေတော်လှန်ရီးမှာ မယ် မလွမ်းသာပါ
မလွမ်းသာပါ ယေ လေးမှ
မလွမ်းသာ ယေ လေး။　။

Liberation, on account of liberation,
war, it's a war;
I embrace the King of Death,
I step into the Kingdom of Death,
I fight for liberation,
I give my life for liberation,
I'll die for liberation,
such is a revolutionary war;
no time to pine for,
no time to pine for, see, no time to pine
for.

၅၄။ လူ

ခက်ပါတယ်ကွယ် လူဆိုတာက
ဒီကမ္ဘာမြေကို
ငါ့မြေ ငါ့တိုင်း ငါ့ပြည် ဆိုပြီး
အပိုင်းပိုင်းစိပ်ဖြတ်ပြီးတော့
သတ်ကြတယ် ရန်ဖြစ်ကြတယ်
စစ်ဖြစ်ကြတယ်၊ ॥

ခက်ပါတယ်ကွယ် လူဆိုတာက
ဒီလူ့ဘောင်ကို
ငါ့အမျိုး ငါ့ဘာသာ ငါ့သာသနာ ဆိုပြီး
အပိုင်းပိုင်းစိပ်ဖြတ်ပြီးတော့
သတ်ကြတယ် ရန်ဖြစ်ကြတယ်
စစ်ဖြစ်ကြတယ်၊ ॥

ခက်ပါတယ်ကွယ် လူဆိုတာက
လူ့အခွင့်အရေးဆိုပြီးတော့
တိုင်းပြည်ကို ပုံကြီးချဲ့ကြတယ်
အမျိုးကို ပုံကြီးချဲ့ကြတယ်
ဘာသာကို ပုံကြီးချဲ့ကြတယ်
သာသနာကို ပုံကြီးချဲ့ကြတယ်
သတ်ကြတယ် ရန်ဖြစ်ကြတယ်
စစ်ဖြစ်ကြတယ်၊ ॥

ဒီကမ္ဘာမြေမှာ လူဆိုတာမရှိရင်
ပိုပြီး မင်္ဂလာ ရှိပါလိမ့်မယ်॥ ॥

54. Human

Problematic, humans are,
"my land," "my nation," "my country,"
with such cries,
they divide and fragment this earth,
kill each other, quarrel with one another,
and wage wars.

Problematic, humans are,
"my race," "my language,"
"my religion," with such cries,
they divide and fragment humanity,
kill each other, quarrel with one another,
and wage wars.

Problematic, humans are,
in the showcase of "human rights,"
in disproportionate magnitude,
the blown out "my countries,"
the inflated "my race,"
the puffed up "my language,"
and the dilated "my religion,
kill each other, quarrel with one another,
and wage wars.

 This earth, without humans,
will be much better off.

၅၅။ မှားပါလေခြင်း

တွေးချင့် ခါခါ စဉ်းစား ပါ၏။။
ညှင်းကာ နှိပ်စက်   ယုတ်မာခက်ထန်
မူ မမှန် လူ မမှန်
ဖေါက်ပြန်လေသော အစိုးရ။။   ။

55. All wrong

Again and again, I think and consider;
oppress, cruel, dirty, and mean,
wrong ideology, wrong people,
this is a wrong government.

၅၆။ မိုး

ရွာနိုင်ပါဘိ ကိုရွှေမိုး။။
စိုးရိမ်စရာ
လယ်ခင်းယာမှာ ရေတွေကြီးလို့
ကောက်ပင်တွေ ညှိုးရတယ်
ကိုရွှေမိုးရယ် ဆင်ခြင်သင့်ပါဲ့လေး။။   ။

56. Rain

It rains, rains, and rains.
Why my good fellow Rain?

My paddy field is already flooding,
in my eyes it is a pain;
see the saplings are drowning.

O' Dear Rain, ought to be moderate
when it rains.

၅၇။ ငါ့ဘဝ နှင့် ဗုဒ္ဓဘဝ

ဝမ်းမြောက်ခြင်းပေါင်းစုံ
စိတ်ညစ်ခြင်းအဖုံဖုံ
ပဲလွှာကြားညှပ်သည့်ဆားအကို
ငါ့ဘဝဝင်နေပုံ။

ကြေနပ်ခြင်းပေါင်းစုံ
စိတ်ပျက်ခြင်းအဖုံဖုံ
ပဲလွှာကြားညှပ်သည့်ဆားအကို
ငါ့ဘဝဝင်နေပုံ။

အောင်မြင်ခြင်းပေါင်းစုံ
ဆုံးရှုံးခြင်းအဖုံဖုံ
ပဲလွှာကြားညှပ်သည့်ဆားအကို
ငါ့ဘဝဝင်နေပုံ။

ဒေါသပေါင်းစုံ
ကြည်နူးမှုအဖုံဖုံ
ပဲလွှာကြားညှပ်သည့်ဆားအကို
ငါ့ဘဝဝင်နေပုံ။

တခြားမဲ့တွင် ဆိုပါလျှင်ကား
ဤသည်အလုံးစုံချုပ်ငြိမ်း
ဗုဒ္ဓသျှင်တော် နေထိုင်ခြင်း
သုညတ သည် ဗုဒ္ဓဘဝတင်း။
ငါသည်ကား မတွေးတတ်
မမြင်တတ် ဖြစ်ပါသတင်း။   ။

(အင်္ဂလိပ်ဘာသာသည်မူရင်း)

57. My life and Buddha's life

With all happiness,
with all sadness,
with all in between,
I live my life.

With all satisfactions,
with all frustrations,
with all in between,
I live my life.

With all successes,
with all failures,
with all in between,
I live my life.

With all angers,
with all pleasures,
with all in between,
I live my life.

Nonetheless, beyond the horizon,
with none of these,
Buddha lives a life,
a life of *suññatā*!
Beyond my imagination.

(English version is the original)

၅၈။ ထွက်ပြေးလိုခြင်း

အနတ္တကမ္ဘာတွင်
အတ္တသည်သာ စိုးမိုးသည်ဖြစ်၍
ငါသည်လည်း ဘဝဆည်းဆာအလွန်တွင်
ဝေဒနာအပြည့်ဖြင့် သေရပေဦးမည်၊   ॥

သေသည်၏တခြားမဲ့၌
ပြန်လည်မွေးဖွားရစတမ်းဆိုပါလျှင်
အနတ္တ လည်းမရှိ
အတ္တ လည်းမရှိ
အနတ္တ-အတ္တ သည်လည်းမရှိသော
ယင်းသို့သော တနေရာတွင်
နတ္ထိတ သာ ဖြစ်ရပါလို၏॥   ॥

58. Desire to escape

In this world of *Anatta*,
Atta is the ruler;
therefore, at the end of the twilight,
my life will end with full of pain.

At the aftermath of death,
if there is a rebirth,
in a place where there is no *Anatta*,
in a place where there is no A*tta*,
in a place where there is neither *Anatta*
nor *Atta*,
in such a place, let me just be *Nathita*.

၅၉။ သွေးစုပ်မှုကင်းမဲ့သောကမ္ဘာ

"ရဲဘော်၊
ပစ္စည်းမဲ့ဘဝ ကို ငါ ခံယူသည်၊
ပစ္စည်းမဲ့များ အတွက် ငါ တိုက်ပွဲဝင်သည်၊
သွေးစုပ်မှုကင်းမဲ့သော ကမ္ဘာ
ဖြစ်မြောက်ရေးအတွက် ငါ တိုက်ပွဲဝင်သည်။"

စကားအစီအရီ ပုလဲကုံးသီကာ
တပ်ဦးမှ ချီပါလေသော ကျော်ဇံရှီ။
ငါ၏ဂေါင်းဆောင် ကျော်ဇံရှီ။
ပစ္စည်းမဲ့ဂေါင်းဆောင် ကျော်ဇံရှီ။
ထွန်းတောက်ပြောင်သော ကျော်ဇံရှီ။

ဤမြေကမ္ဘာသည်
သွေးစုပ်မှုကင်းမဲ့သော
ကမ္ဘာမြေ ဖြစ်ပါစေသတည်း။   ။

59. A world free from exploitation

"The proletariat,
the life of a proletariat,
I embrace, O' Comrade.

A fight,
a fight for proletarian liberation,
I wage, O' Comrade.

A struggle,
a struggle for a world free from
exploitation,
I stage, O' Comrade."

With these words,
blooming like the flowers,
at the front marched on he,
Kyaw Zan Rhee;
my leader, Kyaw Zan Rhee;
the proletarian leader, Kyaw Zan Rhee;
the bright and radiant Kyaw Zan Rhee.

This planet earth,
may this earth be free from exploitation!

60. A world free from oppression

၆၀။ ဖိနှိပ်ချုပ်ချယ်မှု ကင်းမဲ့သော ကမ္ဘာ

"ရဲဘော်၊
အဖိနှိပ်ခံပြည်သူ့ဘက်က ငါ ရပ်တည်သည်၊
အဖိနှိပ်ခံပြည်သူများအတွက် ငါ တိုက်ပွဲဝင်သည်၊
ဖိနှိပ်ချုပ်ချယ်မှု ကင်းမဲ့သော ကမ္ဘာ
ဖြစ်မြောက်ရေးအတွက် ငါ တိုက်ပွဲဝင်သည်။"

စကားအစီအရီ ပုလဲကုံးသီကာ
တပ်ဦးမှချီပါလေသော ကြာလှအောင်။
ငါ၏ဂေါင်းဆောင် ကြာလှအောင်။
အဖိနှိပ်ခံပြည်သူ့ဂေါင်းဆောင် ကြာလှအောင်။
ထွန်းတောက်ပြောင်သော ကြာလှအောင်။

ဤမြေကမ္ဘာသည်
ဖိနှိပ်ချုပ်ချယ်မှု ကင်းမဲ့သော
ကမ္ဘာမြေ ဖြစ်ပါစေသတည်း။

"The oppressed,
with the oppressed people,
I stand by, O' Comrade.

A fight,
for the oppressed people,
I wage, O' Comrade.

A struggle,
for a world free from oppression,
I stage, O' Comrade."

With these words
blooming like the flowers,
at the front marched on he,
Kra Hla Aung;
my leader, Kra Hla Aung;
the leader of the oppressed,
Kra Hla Aung;
the bright and radiant Kra Hla Aung.

This planet earth,
may this earth be free from oppression!

ဗိုလ်နေဝင်း ရုံးသုံးဓါတ်ပုံ ၁၉၆၂-ခု
(Bo Ne Win, official photo, 1962)

ကိုသန်းလှိုင် ၁၉၆၁-ခု
(Ko Than Hlaing, 1961)

၆၁။ လောင်းရိပ်မိပန်း

61. The flowers under the shade

အချိန်အားဖြင့် ၁၉၆၂ ဇူလိုင်-၇-ရက် အလွန်
၁၉၆၃ ဇူလိုင်လ။
နေရာဒေသအားဖြင့် မြန်မာ့အသံ
တက္ကသိုလ်အထူးတေးဂီတအခန်း။

ဗိုလ်နေဝင်း-
ပါမောက္ခတစ်ဦး၏ပါးစပ်အတွင်းခို အောင်းလျှက်-

"တပြည့်တို့
ကျောင်းတော်ကြီးပြန်ဖွင့်ပါပြီ၊
ပြန်ခဲ့ကြပါ။

ပန်းတိုင်းပွင့်စေပြီး
ပွင့်သောပန်းတိုင်း လန်းစေရမယ်၊   ။"

When?
1963 July, after the 1962 July 7.
What? Myanmar Radio, University
Special Music Program.

Bo Ne Win, hiding in the mouth of a
professor,

"Pupils,
The University now opens,
please come back.

All are privileged to flower;
all flowers are allowed to bloom."

လောင်းရိပ်မိပန်း

ကိုသန်းလှိုင်
မြန်မာ့အသံတက္ကသိုလ်အထူးတေးသံမှတဆင့်-

"လောင်းရိပ်မိပန်း
ကြွေလွင့်နွမ်းနွမ်း ညှိုးတသန်းသန်း . . .
ပွင့်ချင်ပါလျက် ပွင့်ခက်သည့်ပန်း
အချစ်များစွာနဲ့သာ လက် ကမ်း လှမ်း. . .
ကံ့ကော်မြိုင်တန်း။ ॥"

ဗိုလ်နေဝင်း ဂတိပျက်လေတယ်॥
သူ့ရဲ့တပ်မတော်လဲ
ကနေ့ထိ ဂတိပျက်ဆဲဖြစ်တယ်၊ ॥

ဒို့တတွေဟာ
ဒီကနေ့ထိ လောင်းရိပ်မိပန်းများသာ
ဖြစ်ပါတယ်။ ॥

မှတ်ချက်များ။
၁။ ဤကဗျာမဆန်သောကဗျာဖြင့်၊ ကိုသန်းလှိုင်-ငါတို့ခေတ်တွင်
လူအချစ်ဆုံးသော တေးဂီတအဆိုကျော်-အား
ငါအောက်မေ့ဂုဏ်ပြုပါ၏။ ဗိုလ်နေဝင်း၏စစ်အာဏာအုပ်ချုပ်ရေးသည်
နေရောင်ခြည်ကိုချစ်သော ပန်းကလေးများအား
နေရောင်ခြည်မဲ့စေသောလောင်းရိပ်ဖြစ်ပါသည်ဟု အနွှန်းပြုကာ
ကိုသန်းလှိုင်သည် ဗိုလ်နေဝင်းကို သိမ်သိမ်မွေ့မွေ့ခုန်ခဲ့ပါသည်။

၂။ ကံ့ကော်မြိုင်တန်း (ဂန့်ဂေါ်မြိုင်တန်း) သည်ကား
ရန်ကုန်တက္ကသိုလ်၏ချစ်စနိုးအမည်ဖြစ်ပါသည်။
နက်ရှိုင်းသောအဓိပ္ပါယ်လည်းရှိပါ၏။
ရန်ကုန်တက္ကသိုလ်ဝင်းနယ်ရှိလမ်းမလမ်းကြောင်းတိုင်းတွင်
ဂန့်ဂေါ်ပင်များ အစီအရီရှိနေပါသည်။ အထူးအဓိပ္ပါယ်မှာ လာမည့်
မေထရိယာဗုဒ္ဓသည် ဂန့်ဂေါ်ပင်ရင်းတွင် သဗ္ဗညုတရွှေဉာဏ်တော်ကို
ရရှိမည်ဟူဿာဒိတော်ရှိပါသည်။ ဤသည်ကို ပုံစံတင်ပြီး
ရန်ကုန်တက္ကသိုလ် (ဝါ) ဂန့်ဂေါ်မြိုင်တန်း သည်
ပညာဆည်းပူးအောင်မြင်ရာ ကွန်းရိပ်သာအဖြစ်ရပ်တည်ပါသည်။

The flowers under the shade

Ko Than Hlaing, in person, in his own voice,

"The flowers under the shade,
sad, wither and wilt ....

Wanting to flower, though,
find it hard to flower!
With much love,
I welcome and extend my hands ....
The *Gantgaw Groove*."

Bo Ne Win dishonored his promise.
His Tatmadaw, unto today, dishonors its promise.

We are, unto today, the flowers under the shade.

Notes.

1. With this non-poetic poem, I honor and remember Ko Than Hlaing, the most loving musician of my time. He softly nudged Bo Ne Win, comparing his military dictatorship with the light-depriving shade over the sun-loving flowers.

2. The Gantgaw Groove is a romantic name for Rangoon University, having a deep meaning. The streets on the main campus of Rangoon University are lined with gantgaw trees (*Mesua ferrea*). The special meaning is that the next Buddha, Maitreya, will attain enlightenment and *sabbaññūtā* (omniscience) under the gantgaw tree. In this fashion, Rangoon University, or the Gantgaw Grooves, serves as the avenue for the conquest of knowledge.

ဦးနု (၁၉၀၇-၁၉၉၅) ၏ ရုံးသုံးဓါတ်ပုံ ၁၉၆၀-ခု။
(ဒါ၏ဖခင်ရုံးတွင် မြင်နေကျ ဓါတ်ပုံ)။
ဦးနု ပြောသော အထင်ကရ စကားစု တစ်ခု-
"လူသတ်ခြင်းသည် အပြစ် (ပါပ) ဖြစ်၏။ သို့သော်
လူသတ်သည်ကို လက်ပိုက်ကြည့်နေခြင်းသည်
ပိုမိုကြီးလေးသော အပြစ်ဖြစ်၏။"

U Nu (1907-1995): Official portrait, 1960.
(I always saw this photo at my father's office).

The most remarkable words of U Nu,
"It is a sin to kill, but to watch the killing
with the folded arms is a greater sin."

၆၂။ ဦးနု တစ်ဦးတစ်ယောက်တည်းသော တရားဝင်သူ

မြန်မာပြည် ပြည်ထောင်စုမြန်မာပြည်
မြန်မ့ှသမိုင်း ခေတ်သမိုင်းမှာ
ဦးနု သည်သာ တစ်ဦးတည်းသော
တစ်ယောက်တည်းသော တရားဝင်
ဝန်ကြီးချုပ်ဖြစ်ပေတယ်၊ ။

အခုအခါ ယင်း ဦးနု သည်သာ
သူ့ရဲ့ သင်္ချိုင်းတွင်းမှ
ပြည်မြန်မ့ှတာဝန်ကို ထမ်းဆောင်ဆဲဖြစ်တယ်၊
ဂုဏ်ပြုအပ်ပါပေတယ်။

62. U Nu, the one and only legitimate

Myanmar, the Union of Myanmar,
in her history, in modern history,
U Nu was the one who was-
and who is the only legitimate prime
minister.

Now, he serves the people of Myanmar
from his graveyard; wonderful is he.

ဦးနု တစ်ဦးတစ်ယောက်တည်းသော တရားဝင်သူ

U Nu, the one and only legitimate

သူပြောတဲ့အခါ ငါက မှတ်သားမော်ကွန်းတင်တယ်။
"ငါ့ နှလုံးသားဟာ ငါ့ရဲ့အားဖြစ်တယ်။
ငါ့ရဲ့ ရိုးသားမှုဟာ ငါ့ရဲ့အားဖြစ်တယ်။
ငါ့ရဲ့ စေတနာဟာ ငါ့ရဲ့အားဖြစ်တယ်။
ဒီ 'အားသုံးရပ်' ဖြင့် ငါသည်ပြည်သူ့ဝန်ကို
ထမ်းတယ်။"

He said and I recorded to archive.
"My heart is my strength;
my honesty is my strength;
my sincerity is my strength;
with these strengths, I serve my people."

"ဒီနေ့မှာ ငါ့ရဲ့ နှလုံသားအားဖြင့်
ငါ့ရဲ့ တရားဝင်သော ဝန်ကြီးချုပ်ရာထူးတာဝန်ကို
ငါပြန်လည် သိမ်းယူတယ်။
ငါ့ရဲ့ တရားဝင်သော အစိုးရအဖွဲ့ နှင့်
ပါလီမန်ကိုလည်း ဆင့်ခေါ်တယ်။
ဒါတွေကို ဗိုလ်နေဝင်း နှင့် တပ်မတော်ဟာ
လက်နက်အားကိုးနှင့် ချေမှုန်းခဲ့တယ်။
သူတို့ဟာ ဒီနေ့ထိ လူယုပုန်ကန်သူတွေဖြစ်တယ်။"

"Today, with the strength of my heart,
I restore my legitimate premiership;
I summon my legitimate cabinet
and parliament."
"These were vanished at gunpoint
by Bo Ne Win and Tatmadaw;
they were and still are the usurpers."

ဤသည်တို့ကား ဦးနု ၏ စကား
၁၉၈၈-ခု စက်တဘ်ာလ ၉-ရက် တွင် ပြောစကား
ပြောတာက ဦးနု၊ ယင်းနဲ့ယခု
မှတ်တမ်းတင်သူကား ငါလျှင်တည်း၊　။

These were the words of U Nu,
on the 9th of September 1988.
He said, and I archived then and now.

ဦးနု တစ်ဦးတစ်ယောက်တည်းသော တရားဝင်သူ

U Nu, the one and only legitimate

ဦးနု သည်သာ တစ်ဦးတည်းသော
တစ်ယောက်တည်းသော
မြန်မာပြည်ပြည်ထောင်စုရဲ့
တရားဝင် ဝန်ကြီးချုပ်ဖြစ်ပေတယ်။
အခုအခါ ယင်း ဦးနု သည်သာ
သူ့ရဲ့ သင်္ချိုင်းတွင်းမှ
ပြည်မြန်မာ့တာဝန်ကို ထမ်းဆောင်ဆဲဖြစ်တယ်၊
ဂုဏ်ပြုအပ်ပါပေတယ်၊   ။

U Nu, the one and
only legitimate prime minister
of the Union of Myanmar;
He now serves his people
from his graveyard.
Wonderful is he!

အို့ ဦးနု
ဒီမိုကရေစီ သွား အသင်သည်ကား၊
ပွင့်လင်းမှု သွား အသင်သည်ကား၊
တရားရှိသူ ရိုးသားသူ အသင်သည်ကား၊
စေတနာ ထားသူ နားလည်သူ အသင်သည်ကား၊
ထိပ်ဆုံးတွင် မြင့်မြတ်သော နှလုံးသား
အသင်သည်ကား၊   ။

O' U Nu
Democratic, you were.
Liberal, you were.
Just and honest, you were.
Sincerely and understanding, you were.
Above all, a noble heart you were.

အသင့်အား ငါ အလေးပြုပါ၏။
ဒီမိုကရေစီထွန်းကာသော ကမ္ဘာတွင်
အသင်သည် ပြန်လည် ရှင်သန်နိုင်ပါစေသား!

I salute thee.
May you rise again in a democratic
world!

အညွှန်း မြန်မာ စိတ်ဝင်စားစရာ

Index, English, people

Index, English, places

Index, English,
words of interest

For your information:
Books on Myanmar (Burma) by Shwe Lu Maung

1. *Burma Nationalism and Ideology*, University Press Ltd. (1989)
ISBN-13: 978-9840511143

2. *The Price of Silence*: Muslim-Buddhist war of Bangladesh and Myanmar,
Pbook ISBN-13: 978-1928840-03-9 (2005)
Ebook ISBN 13: 978-1928840-04-6 (2011)
Shahnawaz Khan Publications

3. *The Rakhine State Violence:*
Vol. 1: The Rakhaing Revolution (2014),
Pbook ISBN 13: 978-192880-09-1;
Ebook ISBN 13: 978-1-928840-12-1 (2014)
Shahnawaz Khan Publications

4. *The Rakhine State Violence* Vol. 2: The Rohingya (2014)
Pbook ISBN-13: 978-1928840107
Ebook ISBN 13: 978-1-928840-13-8
Shahnawaz Khan Publications

5. *Is Suu Kyi a racist?* (2014)
Pbook ISBN-13: 978-1928840114
Ebook ISBN 13: 978-1-928840-14-5
Shahnawaz Khan Publications

6. *The prima materia of Myanmar Buddhist culture*
Laukathara of Rakhine Thu Mrat (2016)
Translated and explained by Shwe Lu Maung
ISBN 10: 1-928840-15-9
ISBN 13: 978-1-928840-15-2

Library of Congress Control Number: 2015956223
Shahnawaz Khan Publications

Tagore's poems published by Shahnawaz Khan

Rabindranath Tagore: *Gitanjali* (1922)
ISBN 13: 978-1928840-05-3
Shahnawaz Khan Publications, 2014

Rabindranath Tagore: *The Gardener* (1917)
ISBN 13: 978-1-928840-08-4
Shahnawaz Khan Publications, 2012

Notes